Schreibe entweder etwas, das sich zu lesen lohnt. Oder lebe ein Leben über das es sich zu schreiben lohnt.

Benjamin Franklin

Motorsegler „Antn"

Unter dem Key of life mit „Antn" 1983

von

ERICH BEYER

Jugoslawien 1983 mit MÖN 27 „Antn"

Herstellung und Verlag:

BoD - Books on Demand, Norderstedt

ISBN: 9783756210985

INHALTSVERZEICHNIS:

Motorsegler MÖN 27 „Antn“

Daten Motosegler MÖN 27

Länge ü.a: 8 m
Länge WL: 7,55 m
Höhe über WL: 1,90 m
Masthöhe: 9,5 m
Breite: 2,50 m
Tiefgang: 1,30 m
Segelfläche am Wind: 29,5 m²
Verdrängung: 3.500 kg
Motor: BUKH Diesel 36 PS
Takelung: Sloop BJ: 1983 Material: GFK
Wasser: 100 Liter - Diesel: 110 Liter
Heimathafen: Wien
Logbuch: Sonntag 18. 9. 1983 bis Samstag 15. 10. 1983
Beiboot: Tabur Sportyak 2,5 m

Skipper und Autor: ERICH BEYER

Geboren am 25. Mai 1950 in Österreich, gelernter KFZ Mechaniker, eine Sommersaison als Matrose auf der Donau mit der „M.S.BUCHENAU" zwischen Regensburg und Rußland. Über Abendkurse in Schwachstromtechnik und Elektronik über Elektriker in fast alle Berufssparten rein geschnuppert. Lange Jahre als Disc Jockey durch die Lande gezogen und nach Anzeigenleiter bei Bezirkszeitung Hietzing mit eigenem Werbebüro Pleite gegangen. In den 70igern Jahren von Freunden nach Mali Losinj gelockt worden und mit den verschiedensten Motorbooten die Adria unsicher gemacht. Ich machte sogar wirklich eine Prüfung um das "Küstenpatent" zu erhalten. (Was man von den meisten die es haben, nicht behaupten kann, und daran hat sich auch im nun "freien" Kroatien nichts geändert).

Um einmal von einem Törn gute Fotos und einen Film zu bekommen, wurde ich von meinem Freund Karl Sallmuter 1982 zu einem Törn auf die "Nina" eine "Formosa 51" mit 33 Tonnen und 146 m² Segelfläche eingeladen. Dies war mein erstes Segelboot das ich betrat, (von einem kurzen Erlebnis in meiner Jugend auf der Alten Donau, wo ich dann für das wieder aufrichten einer Jolle, 300.- Schilling bezahlen mußte, mal abgesehen), auf der "Nina" imponierten mir die Manöver von Karl so sehr, daß ich begierig von ihm segeln lernte und nach ein paar Törns mit ihm, fähig war, meine eigenen Segelboote zu chartern. Nachdem ich bereits in diesen Jahren jede Menge „Skipper" mit allen möglichen Segelscheinen kennenlernte über die ich schon in meinen anderen Büchern teilweise berichtet habe, stand ich bereits in dieser Zeit mit dem deutschen und österreichischen Segelverband auf Kriegsfuß.

Da mir mit meiner Länge von 1,96 m das Jollensegeln nicht besonders behagte, und ich ja auf einem „Dickschiff" das Segeln lernte, hatte ich natürlich keinen „A – Schein", denn man aber verlangte um den „B-Schein machen zu können. Da diese Regulation des Segelverbandes mir nicht in den Sinn ging, fuhr ich nach Holland, (wo man eigentlich überhaupt keinen Segelschein brauchte um ein Boot zu führen) und machte in einer Segelschule auf dem Ijselmeer auf freiwilliger Basis den sogenannten BR und BK Segelschein! Da ich dann eigentlich mehr Zeit in der Adria und im Mittelmeer verbrachte, hatte ich genug Zeit, um zu lernen und Erfahrungen zu sammeln und machte noch bei der Jugoslawischen Berufsmarine mein Patent bis 25 BRT und das englische Funksprechzeugnis. Nach Dutzenden von gecharterten Segelbooten von allen möglichen Charterfirmen über die ich hoffentlich auch mal ein Buch schreiben werde, machte ich in einer Art, Eignergemeinschaft mit der „Sourire" einer „Jeanneau Fandango" ein Jahr die Adria unsicher.

Nachdem ich nun schon genug Seemeilen hinter mir hatte, konnte ich für das Patent der Berufsmarine bis 50 BRT antreten, wo ich aber Logbuchmäßig nachweisen mußte mindestens 10.000 Seemeilen und ein Jahr als Skipper gefahren zu sein. Vor sechs hochdekorierten alten Kapitänen, wo ich mich nicht mal ausreden konnte die Fragen nicht richtig verstanden zu haben, da alle perfekt Deutsch und ein paar andere Sprachen mehr sprachen, legte ich in Rijeka, trotz einmal verrechnen bei einer Sonnenstandlinie, gekonnt meine Prüfung ab.

Bei einem Törn mit einer „Mön 27" der „Antn" lernte ich in den Kornaten im Restaurant Katina bei der „Vela Proversa" eine Crew kennen, die mit einer „Shogun" unterwegs war, aber keine Ahnung von Navigation hatten und ich dem „Skipper" Herbert ein paar Unterrichtsstunden in Navigation gab. Unter anderem wurden wir Freunde und hielten auch noch in Wien Kontakt, und mit Erich und Gustav von dieser Crew als Partner gründeten wir 1984 den „Segelclub – ANKH, und kauften die erste „Key of life" eine 38 Mahagoni Sloop von Sparkman & Stephens. Mit meiner zu dieser Zeit Partnerin und späteren Verlobten Gabriele, legten wir in den folgenden sieben Jahren zwischen Lignano, Zadar und Malta über 22.000 Seemeilen zurück bis am 14. April 1990 etwa drei SM vor der Küste von Lignano ein Feuer an Bord ausbrach. Langes Streiten mit der Versicherung bis sie endlich, zu wenig, bezahlte und kein Boot um in der neuen Saison wieder Geld machen zu können um zu überleben, zwangen mich das Boot zu verkaufen. Da wir eigentlich von hier zu einer Weltumsegelung starten wollten, nachdem wir das Boot generalüberholt hatten, war ich am

Boden zerstört und versuchte in Wien wieder neu zu starten, und ich habe mir geschworen nie wieder ein Boot sehen zu wollen!

Dann folgte der Bruch mit meiner nun bereits Verlobten Gabriele und ich versuchte mich als Fahrer eines Geldtransporters in einem Panzerwagen. Da nach der langen Zeit des Bordlebens, das Leben in Wien eher freudlos war, kam mir ein Anruf aus Deutschland von meinem Freund Heino sehr gelegen, der mir vorschlug seinen Motorsegler „MANUDA", eine „Cascaruda 45" als Clubyacht zu nehmen und doch wieder mit meinen Clubmitgliedern zu segeln. Es brauchte nicht lange um mich zu überreden, vor allem da ein ehemaliges Crewmitglied der „Key of life" , Gabriela, die mir half meine Biografie über und gegen die österreichische Gesellschaft und Regierung in Buchform in einen Computer zu bringen, bis Dato habe ich nun schon 14 Bücher aufgelegt, am Ende sind die ISBN Nummern einzusehen.

Da mit Gabriela mehr als nur eine Freundschaft entstanden war, regte sie mich dazu an, diesen Vorschlag anzunehmen und sie als Partnerin mit an Bord zu nehmen. So brachten wir die „Manuda" im April 1992 nach Malta wo wir sie im folgenden Winter in einer Werft für die Clubbedingungen umbauen ließen und auf „Hochglanz" herrichteten. 1993 überstellten wir die „Manuda" wieder in die Adria, wo wir, bedingt durch den noch herrschenden Krieg in Kroatien keinen besonders guten Start hatten. Mit meinem Job als Panzerwagenfahrer im Winter und mit Hilfe von Heino schafften wir es aber doch den „Segelclub – ANKH" am Leben zu erhalten und legten bis im September 1999 auf der „Manuda" ebenfalls über 19.000 Seemeilen zurück.

Da ich nach nun bereits über 60.000 Seemeilen alleine in der Adria, und glaubte genug gesehen zu haben, und vor allem da die Situation in Kroatien mit Gebühren und den Charterbooten immer schlimmer wurde, beschlossen Gabriela und ich, da wir von der Adria endgültig die Nase voll hatten und wir im wahrsten Sinne des Wortes, „auf der Stelle traten", da wir in jeder Saison wieder bei null anfingen, alles in Wien aufzugeben um erneut einen Versuch zu einer Weltumsegelung zu machen. Aber mein Freund Heino war darüber nicht so begeistert wie wir und wollte uns die „Manuda" nur für drei Jahre überlassen und wollte sie dann wieder in der Adria haben. Da wir nicht vorhatten einen Rekord brechen zu wollen, und in drei Jahren man sicher nicht sehr viel von der Welt sehen kann, entschlossen wir uns in die USA zu fahren um dort ein Boot zu kaufen. Vor allem, da die Preise um zwei Drittel und mehr niedriger sind als in Europa.

Es gelang uns Gabrielas Wohnung zu verkaufen, aber leider nicht meine, aber wenigsten schaffte ich einen Mieter zu finden, um keine Zinskosten zu haben und wir flogen für vier Wochen nach Florida, um unser Boot zu finden. Um unseren Plan und die Partnerschaft zu besiegeln, heirateten wir am 30. September 1999 im Courthouse von Broward County in Ft.Lauderdale in einem echt „kitschigen" amerikanischen Trauungssaal mit einer charmanten Friedensrichterin. Ein paar Tage später fanden wir unseren „Stein" die „KEY OF LIFE I" zu einem unglaublich günstigen Preis und noch viel Arbeit an ihr, die noch auf uns wartete. Daß wir unser Boot und die Flitterwochen gleich mit „Hurrikan Irene" einweihen konnten, darauf hätten wir eigentlich verzichten können oder als „Omen" deuten, was das „gelobte Land" USA noch für uns auf Lager haben wird.

Capitano di tutti Capitani, Skipper Erich (1997)

Vorwort

Wir haben Ende April 2022 noch immer eine etwas abgeschwächte „Corona" Pandemie und seit mehr als acht Wochen Krieg in der „Ukraine", und ich sitze in Klosterneuburg im Tal und zeitweise am Rolandsberg und ich beginne mit den Anfangszeiten auf Segelbooten 1983 wo ich die Adria unsicher machte, nun da auch schon alle sechs Teile von der „Manuda" bereits im Handel und bei BoD erhältlich sind, natürlich auch als E-Book, habe ich Zeit weiter in der Vergangenheit zu stöbern. Auch ist mein „Beginn mit Motorbooten" auch schon erschienen, also kann ich meinen kurzen Törn 1983 mit der „Antn" auch noch in Buchform bringen

Ich habe ja unserer Abenteuer mit meiner ersten „Key of life" in Jugoslawien bereits in fünf Teilen geschrieben. Wo sich ja leider ein tragisches Ende in Lignano zugetragen hat als wir am 14. April 1990 Feuer an Bord hatten. Da ja noch immer genug Zeit ist und uns „Corona" immer noch sehr einschränkt, genug Zeit zum Schreiben übrigbleibt. Ich habe, da ich ja jetzt schon vier Teile über unsere zweite „Key of life I" in der Karibik geschrieben und über BoD aufgelegt habe, und auch noch über die Erste Key of life nun fünf Teile. 1. Teil von *„Beginn in Jugoslawien mit der „Key of life"* von 1985-86 nun überall erhältlich, sowie zweites Buch *„2.Saison mit der Key of life"* der 2.Teil in Jugoslawien und Malta, mit dem *„Start in die zweite Saison 1986 bis 1987"* und auch im 3. Teil mit „3. Saison mit der Key of life in Jugoslawien und Malta" mit *„Start in die dritte Saison 1987 bis 1988"* der *„ 4. Teil von der Saison 1988 bis 1989"*, und auch im fünften und letzten Teil von der „Saison 1989 bis 1990" habe ich einen Teil des Vorworts von den anderen Büchern übernommen, denn da habe ich ja schon vieles gesagt, und wie sagt man so schön in Latein:

„Repetita non Placent" Wiederholungen gefallen nicht!

Vor allem, bin ich zu faul um mir nochmals ein weiteres Vorwort auszudenken, und deshalb nur von dem anderen Vorwort etwas rein kopiert, da vielleicht jemand die drei anderen Teile doch nicht gelesen hat. Apropos schreiben! Ich bin kein Schriftsteller, weil mir die Gabe der ausschmückenden und leider nur allzuoft höchst fantasievollen Schriftstellerei fehlt, sehe ich mich eher in der Position eines Berichterstatters. Ein Bericht ist immer noch die ehrlichste Form, um Begebenheiten und Situationen möglichst objektiv in einer lesbaren Art und Weise mit den zugehörigen Erklärungen darzustellen.

Weiterst möchte ich auch nicht beruflich schreiben, denn dann würde es zu einer Arbeit ausarten. Es ist bereits jetzt genug Arbeit meine Gedanken zu Papier zu bringen, aber jetzt schreibe ich nur wenn es mir Freude macht und nicht weil ich es muß. Geschweige denn, würde ich schreiben wollen, wenn mir ein Verleger im Nacken sitzt und auf das nächste Buch wartet.

Zu meiner Person ist noch zu sagen, in allen meinen Büchern ist nichts Fiktives sondern sind nur Tatsachen und Fakten nieder geschrieben. Ich behaupte sogar, es ist nur die „objektive Wahrheit", was zu unzähligen Diskussionen mit meiner Gabriela führt, da von ihr immer wieder vehement versucht wird es zu widerlegen, und sie mir immer wieder versucht einzureden, es ist meine „subjektive Wahrheit", die ich da schreibe. Jedenfalls sind alle Daten und Positionen aus meinen Logbüchern entnommen und sollten somit auch stimmen. Obwohl dies kein Hafenhandbuch ist, kann aber, falls jemand mal vor hat, auch in diesen Gewässern zu segeln, alle Hinweise und Tips zur Navigation verwendet werden. Soweit es in meiner Macht steht, verbürge ich mich dafür, daß die Positionen, Wegpunkte, Tiefenangaben, sowie diverse Ansteuerungen von Buchten und Häfen auch wirklich zur Navigation verwendet werden können. Ich übernehme natürlich keine Verantwortung für eventuelle Schiffbrüche, da ja der Druckfehler Teufel immer wieder zuschlagen kann, auch mit dem besten Rechtschreibprogramm. Ich habe übrigens diverse Erklärungen am Ende des Buches als GLOSSAR angehängt, da ja ein Teil meiner Leser nicht alle sogenannten „Fachausdrücke" auf Booten versteht. Ich habe viele Bekannte auf Booten, die sie ebenfalls nicht verstehen, und viele Ausdrücke von den „echten" Seglern, klingen für mich auch nur „spanisch". Wie schon gesagt, es sind hier alle Reiseberichte in chronologischer Folge, wie es passiert und wie wir es erlebt haben, zusammen gefaßt, also manchmal vielleicht etwas verwirrend, da auch dazwischen Zeitspannen waren, wo wir in Österreich und nicht am Boot waren, aber wie ich zu sagen pflegte:

„Es ist vielleicht wichtig, wie man etwas schreibt, aber wichtiger ist es, daß man es schreibt!"

Ich habe in meiner PR Zeit gelernt aus vier Sätzen Info einen Mittelaufschlag zu „zaubern" oder bildlich gesagt: „Aus einem Maulwurfshügel, einen Berg zu machen!" Aber meine Berichte, die manchmal nur aus trockenen Fakten bestehen, sollen einen wahrheitsgetreuen Einblick in ein anderes Leben geben. Aber wie oft soll man die traumhaften Buchten beschreiben? Ich zeige auch die negativen Seiten auf und damit für manche TRÄUMER die Wahrheit und welche ungeahnten Probleme auf einen zu kommen können, der sich entschieden hat sein Leben auf einem Segelboot zu leben und mit welchen ungeahnten Problemen er rechnen muß, wenn er in Ländern der „dritten Welt" div. Ersatzteile und Materialien kauft, was wirklich auf ihn zukommt. Wenn ich auch manche Situation besser ausschmücken möchte, würde ich damit das Buch noch länger machen und ich weiß, daß ich im Erzählen besser bin. Die Bilder in diesem Buch sagen mehr als tausend Worte.

Wenn auch manche Geschichten etwas unglaublich klingen könnten, sie sind wahr und jederzeit belegbar. Für manche Leser die Zweifel daran haben, würde ich gerne jede Wette mit ihnen annehmen um es zu beweisen. Übrigens, kein Name wurde verändert und alle Daten von Yachten oder Personen stimmen mit den echten Zeiten und Orten überein. Ich (wir) haben versucht, mit unserem Boot, so viel wie möglich zu „leben" und ich denke, trotz mancher Widrigkeiten, bereuen Gabriela, und ich hoffe auch Gabriele die mit mir auf der Ersten „Key of life" unterwegs war, keinen Tag, mit dem wir diesen Weg eingeschlagen haben, und ich denke die Worte von Eminescu, sagen dazu alles:

"Denn das Leben ist ein verlorenes Gut, wenn man nicht gelebt hat wie man hätte leben wollen."

Jedenfalls, eines ist sicher, wir haben unsere Zeit am Boot wirklich gelebt, und ich hätte sicher nicht, meine Zeit, als ich noch mit dem Panzerwagen fuhr, und bis zu, damals noch, 120.000.000 Schilling von der Zentrale zu den Filialen transportierte, jemals daran gedacht, es nieder zu schreiben. Denn da hätten für alle sieben Jahre, sicher fünf Seiten genügt. Aber für diejenigen, die den Versuch starten wollen, auch ein Leben als Fahrtensegler einzuschlagen, soll dieses Buch ohne „Beschönigungen" aufzeigen, was da alles passieren kann und teilweise schonungslose Tatsachen bringen, die aber doch vielleicht hilfreich sind um das Leben eines Fahrtenseglers zu beschreiben, daß sicher kein endloser Badeurlaub ist, wie manche immer noch der Meinung sind.

Auch wenn ich zu diesem Zeitpunkt wo ich dieses Vorwort schreibe, als „Neujahrsschreck" die Nachricht kam, das die „Key of life I" am 3. Jänner 2021 von der Muring abgerissen ist und auf das Riff vor „Petite Martinique" getrieben ist. Nun haben wir den Kampf endgültig verloren, nachdem uns in „Petite Martinique" unser Boot schon vorher von der „Ocean Royel" und der „Hero II" zerstört wurde, und es in Grenada, ein Land der dritten Welt, leider kein Gesetz noch Recht für Ausländer gibt, und wir das Boot aufgeben müssen, und speziell mit der derzeitigen Situation mit „Corona" wären wir wahrscheinlich sowieso nie mehr auf unser Boot gekommen, und die Chance bekommen die noch sehr vielen persönlichen Sachen die dort lagern, zurück nach zu Österreich bringen.

In der Webseite: www.segelclub.ankh-refugium.com ist alles nachzulesen, mit Fotos und Reiseberichten und bei mehr Interesse auch noch in der ECC Seite www.ankh-refugium.com

Capitano di tutti Capitani Erich nun leider nur mehr eine „Landratte"

Nachdem am 3. Jänner 2021 unser „Key of life I" auf das Riff vor „Petite Martinique" gedriftet ist, weil unsere „Freunde" die wir dafür bezahlten, unsere Muring und Anker nach zu sehen, wie es in der Karibik üblich ist, natürlich nicht kontrolliert haben, kam es zu diesem traurigen Ende für unser Segelboot und unser Leben als Fahrtensegler.

1.Kapitel:

Start mit „Antn" in Opatija

Es ist Sonntag der 18. September 1983 und ein schöner Tag in „Opatija" (Abbazia) im nördlichen Ende von der „Rijeka Bucht" und ich habe mit Werner, genannt „Waschi", ein Freund und sogar Kunde, der ein „Animierlokal" in Linz hat und ich für ihn sogar „Kinowerbung" gemacht habe, und er auch als „Poker" Spieler bei „Umberto" im „Mozart Stüberl" viele Nächte am Pokertisch mit mir verbracht hat. Um 0800 bereits eingebunkert und um 1100 kommen Renate und Fritz an und bunkern auch gleich ein. Fritz ist auch ein Kunde von mir gewesen, der in Hietzing ein „Teppich und Bodenbeläge" Geschäft hatte und ich in der Bezirkszeitung für ihn Werbung machte und er dann später als Freund zu mir auch aufs Boot kam, und 1982 schon mit Motorboot unterwegs war, allerdings mit einer anderen Freundin. Um 1300 kommt der Eigner „Hr. Perkonig" von dem ich die „Antn" gechartert habe an Bord und es werden noch Motoröl und Ölfilter gewechselt. Ich übernehme das Boot mit kleinen Reparaturen, bei Segelcheck und das Dampferlicht hängt nur mehr am Kabel und der Stecker ist abgeschnitten. Beim Testlauf des Eigners, kommt ihm die Muring in den Propeller und wickelt sich achtmal herum. Herr Perkonig gibt mir kostenlos den Autopiloten mit, für den man bei Charterfirmen zu dieser Zeit noch extra bezahlen mußte, deshalb gehe ich freiwillig in das nicht gerade reine Wasser der Marina und tauche unter das Boot, nach ein paar Versuchen bekomme ich die Muring von der Welle und wir sind wieder frei. Wir befestigen noch eine neue Scharniere über die Abdeckung vom Gaskocher, da die alte gebrochen ist und ich übernehme mit „Handschlag" das Boot von ihm. Ich kann leider am Nachmittag nicht mehr einklarieren und habe somit keine Crewliste, weil der Hafenkapitän nicht mehr da ist und wir müssen nun über Nacht in der Marina liegen bleiben. Wir gehen Essen und dann vergißt meine Crew im Restaurant meine Seekarten und der Ober hat sie mitgenommen, er kommt aber erst morgen Mittag wieder zum Dienst.

Am Montag den 19. September 1983 haben wir leichten Süd Wind mit 1 Bft bei 1030 HPs, aber ich bezweifle, daß das Barometer

18

wirklich stimmt und justiert ist. Ich kann am Vormittag einklarieren und bezahle mit „Tip" 1.000.- Dinar Gebühr und ich bekomme meine Seekarten wieder. Die Crew war einkaufen und mit mir dann noch im „Duty Free" mit Bier, Orange Juice und Zigaretten. Ich lasse noch 20 Minuten den Motor warmlaufen um zu testen und um 1205 gehen wir mit Kurs 192° in Richtung Süd.

Der Autopilot machte gleich am Anfang etwas Probleme

Um 1220 teste ich gleich mal den Autopiloten und lasse ihm den Kurs halten. Wir haben fast keinen Wind aber sehr unangenehme Dünung im „Kvarner" und um 1415 habe ich „Rt.Prestenice" mit Peilung 90° an BB und wir laufen weiter die Küste von der Insel „Cres" entlang. Um 1600 setze ich das Groß als Stützsegel, da Renate etwas die Nerven verliert, es ist ihr das Geschaukel und Krängung nicht ganz geheuer, ich hoffe, daß sie ihr Vertrauen in mich und das Boot bekommen wird und keine Angst hat. Da Dünung weiter stark bleibt, gehe ich um 1815 nach „Unije" in die Bucht „U.Vognisca" rein und gehen nach den Ersten 37 Seemeilen vor Anker mit einem großen Radius zum schwojen. Die Navigationslichter funktionieren nicht, die Sicherung ist kaputt. Ich habe sie zwar mal provisorisch repariert, nur fällt sie sofort wieder wenn ich das Mastlicht einschalte obwohl gar nichts auf der Anschlußdose hängt, da je der Stecker abgeschnitten ist? Werde Morgen den Fehler suchen. Fritz hat mir eine von seinen Pfeifen geschenkt, aber ob ich wirklich zum Pfeifenraucher werde ist nicht sicher, aber sicher rauche ich zu viel an Zigaretten.

Es wurde schon Dienstag der 20. September 1983 als ich um 0130 in die Koje gehen. Die Nacht blieb ruhig und der Anker hat gut gehalten und wir können gerade noch schwimmen, aber die Wassertemperatur könnte noch wärmer sein. Um 049 gehen wir ab nach „Mali Losinj" wo ich um 1200 an der Mole von meinem Freund und Hafenkapitän „Sladko" festmache und meine „Geschäfte" mit ihm erledige und wir wieder „Duty free" einkaufen gehen.

Werner „Waschi" und Tina bereiten Cafe zu

Dann gehen wir in den Hafen wo wir um 1250 längsseits festmachen und essen gehen. Bei meinen Freund „Enzo" vom Cafe Treff trinken wir Cafe und ich habe ihm „Tropfen" aus Österreich mitgebracht und nach Geld wechseln sind wir essen und ich muß mich dann bei „Johann" in das Gästebuch vom Restaurant eintragen und er gibt mir noch drei Plakate von „Mali Losinj" mit und muß ihm versprechen, ein paar Leuten Grüße aus zu richten. Die Crew geht einkaufen und ich muß die Gummi Scheuerleiste von der MÖN wieder raufklopfen, die sich bei den starken Wellen losgelöst hat, was mich an die Zeiten vom Motorboot und der „Elan" erinnert. Im Hafen fällt dann bei einer Welle von vorbei fahrenden Boot, daß heiße Kaffewasser

21

runter, aber zum Glück wurde dabei niemand verbrüht. Um 1550 gehen wir zur Tankstelle und ich bunkere Wasser und tanke 40 Liter Diesel um 2.000.- Dinar und wir gehen weiter nach „Ilovik" wo wir uns um 1800 als Dritte im Paket auf die zwei Boote nach 21 Sm, drauf legen müssen, aber trotzdem 200.- Dinar Hafengebühr zahlen müssen. Wir machen Spaziergang und ich kaufe mir Ansichtskarten und Batterien und vor dem Restaurant von „Rosmarie" versucht sich Werner als Angler und fängt wirklich zwei Fische und einen Aal. Fritz und Renate essen bei „Rosmarie" und Werner mit mir am Boot. Die Crew geht schon früh schlafen und ich bin noch bis Mitternacht auf, schade um die Nacht, wäre super für eine Nachtfahrt, fast Vollmond und kein Wind.

Fritz hilft mit Weißbrot Kügelchen machen für „Waschi"

Am Mittwoch den 21. September 1983 kommt dann nach Mitternacht relativ starker Schwell von Süd auf und wir liegen nicht besonders gut im Paket. Ich wecke die Crew und wir legen uns auf die N Seite der Mole wo es ruhiger ist und wir besser liegen, die Crew ist beim Manöver gut und kurz darauf folgen auch alle andere Boote nach und legen sich auf die N Seite der Mole und alle helfen zusammen. Um 1015 legen wir ab, wir haben leichten NE mit 2 Bft und nach „Ilovik" lasse ich die Fock anschlagen und das Groß hissen und wir fahren „Blatt vor dem Wind" oder wie man auch sagt „Schmetterling". Der Wind ist zu leicht und Böig und wir schaukel zu sehr und ich sehe wieder das Unbehagen von Renate und wir geben Segel wieder runter und motoren weiter mit einem Kurs von 10° in Richtung Kornaten.

Blatt vor dem Wind, wo sich leider „Renate" nicht wohl fühlt.

Ich hoffe, daß sich die innere Angst und Unsicherheit von Renate bald legt und etwas vertrauen in das Boot bekommt. Um 1255 gehen wir zwischen „Ist" und „Skarda" durch und gehen auf Sicht weiter in Richtung „Dugi Otok" wo wir dann in die „U.Pantera" rein gehen und um 1435 an der Mole vom Leuchtturmwärter des „Veli Rat" anlegen, wo zwar steht: „Anlegen verboten" ich aber „Svonimir" der Leuchtturmwärter schon gut kenne und er ein Freund von mir ist. Die Crew ist beim Anlegemanöver schon perfekt und ich stelle fest, daß der Schraubeneffekt beim Rückwärts fahren sehr stark nach STB versetzt, aber kein Problem und wir legen gut röm.kat. an der Mole an. Werner wird leicht nervös, weil er sein gebunkertes Brot nicht findet aber angeln will, was er nach dem essen auch tut.

An der Mole vom Leuchtturm „Veli Rat" in der „U.Pantera"

Ich muß sagen, ich habe noch nie einen hektischeren Angler als „Waschi" gesehen, aber er schafft es sogar sieben kleine Fische zu fangen, die ich ausnehme und wir dann verkosten. Mit Fritz und Renate mache ich Spaziergang zur West Seite und zum Leuchtturm rüber, wo ich viele Aufnahmen mache.

Fritz fühlt sich relativ wohl

Der Leuchtturm „Veli Rat", er wurde im Jahr 1849 gebaut und ist 42 Meter hoch und heute der höchste Leuchtturm an der Adria. Er verdankt seine eindrucksvolle Erscheinung seiner gelben Fassade, für die, nach mündlicher Überlieferung, 100 000 Eigelb verwendet wurden, so steht es jetzt in der Werbung für 2022 in Kroatien über den „Veli Rat" der jetzt schon, Touristisch genutzt wird und die im Hof des Leuchtturms befindliche Kapelle des Hl. Nikolaus, ein Ort wurde der mehr und mehr für Organisierung von romantischen Hochzeiten gefragt wird, wobei der Leuchtturm auch Apartments im Angebot hat. Allerdings, waren meine Berichte von den Einheimischen und in alten „Adria Führern" etwas anders, denn dort stand drinnen, daß die damals 200.000 EIKLAR für den Verputz verwendet, haben, was eigentlich mehr Sinn ergibt um sie als Bindemittel zu verwenden, als das Eigelb. Vor allem nachdem ich ja 35 Jahre in der Adria gefahren bin, der „Veli

25

Rat" nie gelblich ausgesehen hat. Mit vielen Crews hatte ich Diskussionen, was die wohl mit den Eidottern getan haben?

Es ist bereits Donnerstag der 22. September 1983 und ich höre seit drei Stunden Musik bei guten feeling. Die ganze Crew schläft bereits und sonderbarer Weise, dachte ich da schon mal daran über dieses „feeling" zu schreiben, aber wer selber mit Booten fährt, fühlt vielleicht das Selbe und versteht was ich meine.

„The life is moments, and this is one"

„Das Leben besteht aus Augenblicken, und das ist einer davon"

Um 1030 legen wir von der Mole ab, kein Wind und See ruhig bei Viertel Bewölkung und 1029 hPc fahren wir um 1115 in den „Tunski Kanal" ein, der zwischen der Insel „Tun" und „Zverinak" liegt mit Kurs 125° durch die Inselgruppe von den Kornaten und „Ugljan". Um 1410 gehen wir unter der Brücke von „Ugljan" und „Pasman" durch gehen bis „Biograd" wo wir um 1620 in der Marina anlegen. Ich treffe meine beiden Mechaniker Freunde „Vinco" und „Krescho" und gebe ihnen die Musikkassetten die ich für sie aufgenommen habe, was ich versprochen hatte, als ich im Frühjahr von hier mit dem Motorboot, einer „Elan" für zwei Monate weg gefahren bin. (nach zu lesen im Buch: „Beginn mit Motorboote") Werner kauft sich in Biograd eine Angelrute und Rolle, damit er nun „profimäßig" angeln kann. Da eine total ruhige, klare und wunderschöne Nacht ist, kein Wind und ruhige See, entschließe ich mich eine Nachtfahrt zu machen. Wir legen um 2145 ab und ich gehe mit Kurs 143° in Richtung SE und ich fahre unter Autopilot, der natürlich sehr angenehm ist, aber total sollte man sich auf ihn trotzdem nicht verlassen. Die Crew geht aber bereits um 2330 in die Kojen und ich bin alleine auf Wache.

Am Freitag den 23. September 1983 liege ich mit Kopfhörer am Bug und höre das Soloalbum vom „Pink Floyd" Keyboarder „Richard Wright" die LP „Méditerranée" und genieße die ruhige See und das gute feeling und habe kurz nach Mitternacht um 0005 das Leuchtfeuer „Kukuljari" eine ¼ Seemeile an STB Dwars und laufe Kurs von 121°

26

weiter. Ich habe heute bereits 41 Sm hinter uns gebracht und ich sichte im NE wunderschöne Sternschnuppe.

Um 0155 gehe ich in den „Sibenski Kanal" rein und habe „Rt.Jadrija" an BB und fahre auf Sicht durch den Hafen von „Sibenik" und sehe schon in der Ferne die Brücke von Sibenik die nun voll beleuchtet ist, was im August noch nicht der Fall war. Bei totenstille fahre ich die „Krka" hinauf und es sind sogar alle Leuchtfeuer im Betrieb, nur bei dieser mondhellen Nacht, würde ich ohne Probleme auch ohne Leuchtfeuer den Fluß rauf fahren können. Als ich kurz vor „Skradin" bin wacht Werner „Waschi" auf und kommt an Deck, und als ich vor der Marina den Motor droßle, kommt auch Fritz aus der Koje, soweit kann ich mich auf die Beiden verlassen. Um 0350 machen wir im Hafen auf einer Boje mit langer Leine auf Slipp und zwei Hecklandfesten fest. Manöver ist gut gewesen und wir gehen mal alle wieder in die Kojen. Unter Tags fahren wir raus in eine Bucht zum Baden, in der nördlichen Bucht von „Skradin" sind aber viele Schlangen, was die Crew sehr beunruhigt, aber mich beunruhigt mehr, daß das Schlauchboot undicht ist, hoffe ich kann es reparieren, denn sonst müßte ich es bezahlen, es dürften die Steine am Ufer zu scharf gewesen sein als die Crew an Land ging. Werner verliert den Bügel von seiner Ankerrolle und ich kann ihn auch nicht rauftauchen, denn das Wasser ist viel zu trüb. Am Abend kann ich aber für „Waschi" einen Bügle aus Draht biegen und ihn sogar härten. Am Abend sind wir bei „Mate" im Weinkeller auf einen Umtrunk und mehr oder minder, „leicht" betrunken. Fritz und Werner gehen schon früher schlafen, aber Renate hält mit mir noch etwas durch und wir gehen erst um 2300 in die Kojen.

Der Teil der „Krka" oberhalb von „Skradin" zu den Wasserfällen

Am Samstag den 24. September 1983 fahren wir mit Boot von Mate, zu den Wasserfällen rauf damit meine Crew sie besichtigen kann. Werner kauft für seine Freundin zwei Stolas um 1.000 Dinar ein, günstig da ja doch jetzt schon die Nachsaison ist. Um 1530 gehen wir die „Krka" runter und um 1640 an die Tankstelle von „Sibenik" wo ich 47 Liter Diesel um 2.300.- Dinar tanke und auch Wasser bunkere. Wir gehen weiter in Richtung „Zirje" und haben um 1810 das Feuer „Rt.Sir" an STB, daß am Südende der Insel „Zmajan" liegt und ich steuere auf Sicht in die „U.Stupica" auf „Zirje" wo wir nach 19 Sm um 1920 den Anker setzten, sogar zweimal, da ich in den Nord Teil der Bucht gehe, wo es ruhiger ist. „Waschi" regt sich auf, weil wir an keiner Mole liegen wo er besser angeln kann. Ich habe am Abend einen Kaiserschmarrn geköchelt der hoffentlich jedem geschmeckt hat. Um 2230 frischt er Wind wieder auf und wir schwell relativ stark, ich gebe etwas mehr Ankerleine und der Anker hält gut.

Tina und Skipper Erich beim Landausflug

Die Crew schläft schon seit 2,5 Stunden als ich nach Mitternacht auch in die Koje gehe. Am Sonntag den 25. September 1983 bleiben wir mal in der Bucht liegen, aber zu Mittag lege ich mich längsseits an die Mole von „Tomislav" der hier nun versucht mit einem Restaurant die Touristen zu versorgen.

Die Illyrische Festung auf Zirje und im Hintergrund die „U.Stupica"

Nachmittags gehe ich mit Renate und Fritz zu der Illyrischen Festung hinauf, wo ich sehr viele Fotos mache. Es gibt hier einen 80 m tiefen Brunnen wo angeblich 182 Soldaten hinein geworfen wurden. Als wir wieder an Bord kommen, hat Werner sogar 20 kleine Fische gefangen, diesmal nimmt sie Renate aus und bereitet sie zu. Da Bora gemeldet wurde und Wind zunimmt, setze ich um 2100 den Anker mit zwei Landfesten und somit der Schwell leichter als längsseits an der Mole. Hoffe, daß der Anker hält, der Grund ist hier relativ gut, in der Buchtmitte ist viel Seegras. Ich habe unser Beiboot mit zwei Komponenten Kleber geklebt und hoffe, daß es dicht bleibt. Fritz hat unser Beiboot nach Lee gehängt, da es die Böen fast an Deck geworfen hätten. Die Crew ist bereits in den Kojen, und ich habe heute eindeutig zu viel gutes „feeling" gehabt und fast zwei Filme aus fotografiert und viel mit Filter experimentiert.

Mit Filter viele Fotos gemacht, bei guten „feeling", zu viele!

Die Bora hat auch am Montagmorgen den 26. September 1983 weiter angehalten, die ganze Nacht durch geblasen und die Strömung in der Bucht war so stark, daß unsere Logge um sechs Seemeilen weiter gezählt hat, obwohl wir nur auf der Mole vor Anker lagen! Wir gehen um 1030 ab und setzen kurz nach „Zirje" die Segel, die Bora bläst auch zwischen den Inseln und sogar im Lee von der „Kornati" ziemlich heftig und wir „schieben" in den Böen relativ viel „Lage" worauf Renate Panik bekommt, und wirklich fast „durchdreht" worauf ich, um sie zu beruhigen nach nicht mal zwei Seemeilen die Segel berge und wieder auf die Maschine drücke.

Bei „Tomislav" an der Mole in der „U.Stupica" auf „Zirje"

Werner ist davon allerdings nicht sehr begeistert, er ist ja das Erste Mal auf einem Segler und wollte auch segeln, und ist eher sehr unmutig über Renate und der Situation. Um 1230 haben wir die S-Huk von der Insel „Kurba Vela" an Dwars, diese Insel schaut von der Ferne wirklich aus wie eine „Kurbelwelle" aber Einheimische haben mir gesagt, es heißt übersetzt eigentlich „Große Hure". Wir gehen auf Sicht durch die Kornaten und um 1405 will ich Anker in der „Lavsa" setzen, aber ein paar Versuche mißlingen und der Anker hält nicht, auch der Schwell in der Bucht ist sehr starke und unangenehm somit fahren wir wieder raus und ich fahre etwas nordwestlich von der „Lavsa" hinter der kleinen Insel „Koritnjak" in die gleichnamige Bucht „U.Koritnica" wo wir um 1455 nochmals den Anker setzen und wir mal essen. Um 1700 gehen wir weiter, weil wir eigentlich in der „Katina" im Restaurant essen gehen wollen, wo wir dann um 1830 röm.kat. anlegen. Neben uns liegt eine „Dufour" mit acht Wiener an Bord mit denen wir zum plaudern anfangen und wir ihnen mit etwas Brot aushelfen, denn durch die Bora kamen sie im Restaurant nicht zum einkaufen und somit gibt es dort heute auch kein Essen.

Die Aufnahmen von einer „Polaroid" Kamera habe ich bekommen und leider sind sie in einer fürchterlichen Qualität geworden. Wir liegen in der „Katina" und als Nachbarn die „Shogun" mit den acht Wienern.

Wir sitzen dann bei ihnen auf der „Shogun" mit singen und plaudern und viel trinken noch lange zusammen und ich erfahre was sie gemacht haben und wie sie überhaupt in die „Katina" gekommen sind, was mich ehrlich gesagt, etwas „schockiert" hat.

Links Herbert, und Gustav, der dann später mein Partner mit der „Key of life" wurde in Zadar. Leider wieder schlechtes Polaroid Foto

Sie wollten eigentlich von Zadar in Richtung Biograd fahren, aber fuhren einen angelegten Kurs vom „Skipper" Herbert von 292° fast genau in die gegen Richtung, wo sie natürlich dann kein einziges Leuchtfeuer in den Karten fanden, das nur ungefähr dort war wo es sein sollte, da sie ja in der Umgebung von Biograd suchten, die ja eher südlich eingezeichnet waren. Mir ist dieser Kurs bis heute, trotz dem ich später dann wußte, das Herbert das Küstenpatent nur gekauft hatte, aber sicher bei keiner Prüfung durch gekommen wäre, aber meiner Meinung von ihm völlig unverantwortlich von ihm ist, sieben Leute auf einem Charterboot einer Gefahr auszusetzen die jemanden das Leben kosten könnte, die ihm aber vertrauten da sonst auch niemand vom Segeln oder Seemannschaft eine Ahnung hatte. Man kann sich wenn man ein unfähiger Skipper ist, am Kursdreieck verlesen und aus Versehen den gegen Kurs angeben, was in diesem Fall aber 112° wären und durch das Festland in Richtung Velebit Gebirge führen würde.

Nun dürften sie mit dem NW Kurs irgendwie die Durchfahrt zwischen der Insel Molat und Sestrunj genommen haben und in Richtung „Dugi Otok" das offene Meer angesteuert haben, aber vorher noch versucht sich an einer Leuchttonne festzumachen, wobei da mal der Bootshaken verloren ging, und sie ein einheimischer Fischer von der Boje verjagte und sie dann anscheinend außerhalb der Dugi Otok der Insel entlang einen SE Kurs am Veli Rat vorbei nahmen, wo angeblich die Bora so stark war, das sie versuchten das Segel einzuholen wobei bei einem Crewmitglied sein Uhrband riß und er somit in einer Hand seine Uhr hielt, in der anderen Hand die Winschkurbel, nun als sie die versuchten die Schotleine dicht zu holen, hat sich ein Fuß vom Hans in der Leine verhängt und sie zogen ihn so über das Deck zum Bug, worauf sich Hans nun festhalten wollte und dabei nicht seine Uhr loslassen wollte und somit die Winschkurbel über Bord ging, aber Hans zum Glück an Bord blieb. Angeblich war der Wellengang so stark, das eigentlich alle von der Crew schon mit „Neptun sprachen"[1]. Nur mehr Erich war fähig am Ruder zu stehen und zu steuern, allerdings wußte auch er nicht wirklich, wie und was er zu tun hatte um die Yacht in den Wellen halbwegs ruhig zu halten, und versuchte nur die Richtung zu halten wenn einer von der Crew zwischen dem „übergeben" über das Deck spie und schrie: „Fahr mit den Wellen"! Wieso bei ihnen,

---

[1] Mit „Neptun" sprechen, netter Ausdruck für sich übergeben!

eigentlich im Schutz von der Insel „Dugi Otok" die ja 42 km lang ist, also nicht umsonst „Dugi Otok" (lange Insel) heißt, nicht ein starker Wellengang sein dürfte, was den Wind betrifft, ich bin mit der „MÖN 27" einem wesentlich kleinerem Boot und nicht so segelfähig wie eine „Dufour" ja innen wo es auch relativ starke Böen gab, aber dafür gegen den Wind gefahren, und das ohne Probleme, wobei sie aber den Wind super zum Segeln mit ihnen hatten. Jedenfalls, dürfte Dank der „Seemannschaft" an Bord, ihr Dingi so schlecht belegt worden sein, denn es ist abgerissen und abgetrieben und da ja angeblich der Wind und Wellen so „stark" war, haben sie sich mit einer hochseetüchtigen Segelyacht nicht mehr umdrehen getraut um das Dingi wieder einzufangen, und somit das Dingi auch noch bezahlen können, da es die Charterfirmen natürlich bei der Rückgabe von der Kaution abziehen.

Was nun Wind und Wellen betrifft, sagt einiges aus, als sie dann beim Leuchtturm „Sestrice" ein kleines Fischerboot trafen, wo der einheimische Fischer draußen war und von seinem Boot mit einer Grundangel fischte, also der Seegang und Wind nicht so stark sein konnte wie sie erzählten. Jedenfalls kommt es hier zu einer, was man auch als „Semmelnavigation" bezeichnet, wenn ein Skipper einen Hafen anläuft, aber nicht weiß wo er eigentlich ist, einen von der Crew zum Bäcker um Semmeln schickt, um dann am Sackerl zu sehen wie der Ort heißt! Jedenfalls fuhren sie ein paar Mal um den Fischer herum, der etwas deutsch verstand und fragten wo sie sind, und nachdem sie ihm einen Kilo Cafe übergaben, hat sie der dann durch die Einfahrt zur Insel Katina und zu dem Restaurant gelotst wo sie an der Mole festgemacht haben, und wir sie dann trafen. Also in früheren Zeiten hätten sie diesen „Skipper" sicher auf der „Rah" aufgehängt wenn er seine Mannschaft so gefährdet hätte, aber sicher hätten sie ihn über Bord geworfen, wenn schon nicht „Kiel geholt".

Wir hatten ja auch ein paar Probleme bei der Fahrt durch die Kornaten, denn da habe ich, gegen jede „Seemannschaft" noch unser sehr leichtes Beiboot hinten nachgezogen, was ich später nicht mehr machte. Jedenfalls hat eine starke Böe das Beiboot in die Höhe geworfen und dabei unseren „Flaggenstock" abgebrochen, den ich dann um 10 cm verkürzen mußte. Jedenfalls gehen Fritz und Werner um

Mitternacht schlafen, währen ich mit Renate noch bis Dienstag 0200 geplaudert habe.

Die Bora bläst auch zwischen den Inseln noch sehr stark in Böen

Am Dienstag den 27. September 1983 kam Herbert zu uns an Bord und ich versuchte ihm den Kurs durch die „Vela Proversa" Durchfahrt zu erklären, wo noch zwei alte Steinkegel aus der Römerzeit stehen die man in Deckpeilung halten muß, um in der Fahrtrinne zu sein, da links und rechts das Wasser zu seicht für ein Segelboot ist, und auch in der Mitte hat es nur eine Tiefe um die 2,5 m je nach Tide. Als ich sah, wie er mit den Kursdreiecken hantierte, wußte ich, es kann nicht gut gehen, vor allem dann noch die Durchfahrt unter der Brücke zwischen „Pasman" und „Ugljan" und durch die „Zdrelac Enge", er begriff meine Erklärung nicht so richtig, leider haben wir später dann festgestellt, es waren anscheinend die ersten Anzeichen von Demenz. Jedenfalls war seine Crew erfreut, als ich vorschlug voraus zu fahren und sie nach „Zadar" zu lotsen, was wir auch taten.

Die „Shogun" fährt im Konvoi hinter uns nach Zadar

Wir legen um 0920 ab und fahren durch die „Mali Proversa" in Richtung Festland. Um 1040 fahren wir bereits unter der Brücke, die „Pasman" mit „Uglanj" verbindet durch und um 1210 machen wir in der Marina Zadar fest, wo wir auch gleich Wasser bunkern können. Nachdem wir uns verabschiedet haben und die Daten ausgetauscht, muß ich es Herbert wenigstens lassen, er hat den Kontakt zu mir aufrecht gehalten und wir haben uns in Wien getroffen und mit Erich und Gustav die später meine „Partner" wurden und wir den „Segelclub-Ankh" 1984 gegründet habe und meine Erste „Key of life" in „Lignano" gekauft haben, aber über die kann man im den fünf Teilen von der „Key of life"

38

von 1985 bis 1990 nachlesen, die Details und Infos sind am Ende des Buches.

Um 1520 gehen wir mit Kurs 292° von „Zadar" ab und es ist wieder fast kein Wind und wir haben um 1658 das „Plic Sajda" an STB Dwars und gehen auf Sicht zwischen „Sestrunj" und Molat durch in Richtung „Dugi Otok". Als ich dann Südöstlich vom Feuer „Golac" zwischen der kleinen Insel „Brscak" durchgehe, habe ich eine Grundberührung, es rumst ganz schön und mir unverständlich, in der Seekarte ist eine Wassertiefe von 6 m verzeichnet, aber nach einer Kontrolle ist mal weiter nichts passiert und wir gehen weiter bis in die „U.Pantera" wo wir um 1900 an der Mole vom Leuchtturmwärter röm.kat. anlegen. Nach dem Anlegemanöver habe ich einen Streit mit Fritz, da es schon dunkel beim Anlegemanöver war und er nicht verstand, warum ich den Anker lieber weiter nördlich setzen wollte, aber nicht genau sah weil mich das Dampferlicht geblendet hat und ich nochmals den Anker setzte. Nur will ich falls Wind aufkommt, nicht gegen die Mole gedrückt werden. Fritz versteht nicht wieso ich den Anker so setzen wollte, aber er wird es vielleicht verstehen, wenn er selber Skipper ist, was eben nicht immer leicht ist. Hoffe doch, daß die

39

Stimmung wieder gut wird, würde wegen dieser Kleinigkeit nicht eine frostige Stimmung an Bord haben wollen.

Ich habe neues Kabel eingezogen, Dampferlicht funktioniert wieder

Am Mittwoch den 28. September 1983 bin ich am Morgen unter das Boot getaucht, zum Glück nur ein kleines ca. 10 cm langes und einen cm tiefes Cut vorne am Bug, also nicht wirklich ein relevanter Schaden. Da wesentlich größere Probleme mit ein paar Reparaturen verursachen denke kann ich die Grundberührung vergessen. Ich habe die Deckenverkleidung abgenommen und ein neues Kabel eingezogen, denn das alte Kabel wurde von einer Schraube durchbohrt und hat deshalb immer kurz geschlossen! Nachdem ich dann die Steckdose und Steckdose an Deck wieder montiert habe und die Sicherung gewechselt habe, funktioniert das Licht wieder. Wieder alle montiert und Leiste und Tisch angeschraubt und klar Schiff gemacht. Um 1525 legen wir ab und gehen mit Kurs 325° in Richtung NW und es ist kein Wind und ruhige See und wir haben um 1713 die Durchfahrt zwischen „Skarda" und „Ist" in Deckpeilung und um 1940 „Ilovik" und „Sv.Petar" in Deckpeilung und ich laufe auf Sicht weiter „Losinj" entlang, wo wir dann nach 31 Sm um 2150 im Hafen röm.kat. anlegen. Wir holen noch von „Enzo" eine Flasche Sekt und plaudern bis Donnerstag den 29. September 1983.

*Mit wenig Wind die „Antn" unter Segel in der Bucht „U.Miracine"
fotografiert, und Werner und Fritz ein paar Manöver fahren lassen, was
sie gar nicht so schlecht gemacht haben.*

Um 0200 früh, haben wir auch noch starken Schwell im Hafen. Die Nacht blieb unruhig und wir gehen um 0845 zur Tankstelle wo ich 45 Liter Diesel um 2.300.- Dinar tanke und dann mit Werner noch Coupons kaufe und die Ansichtskarten aufgebe und für ihn bei „Sladko" alle für das Küstenpatent erledige und wir noch „Duty Free" einkaufen. Um 1030 gehen wir ab von „Mali Losinj" und wieder kein Wind und wir machen gute und ruhige Fahrt nach Nord die Insel Cres entlang, um 1328 haben wir „Zeca" an Dwars und wir gehen dann in der Bucht auf „Cres" in der „U.Miracine" nach 22 Sm um 1510 vor Anker. Ich mache heute das Erste mal ein Sonnenbad und fotografiere dann die „Antn" in der Bucht unter Segel.

Freitag der 30. September 1983 ist wieder total ruhig aber volle Bewölkung bei 1029 hPc und ich lasse Fritz und Werner in der Bucht ein paar Manöver fahren und um 1040 gehen wir mit Kurs 356° nach Norden. Um 1320 habe ich kurz vor der Fähre von „Brestova" nach „Cres" an STB Dwars „Rt.Prestenice" und lege Kurs mit 008° nach „Optija" an. Um 1535 legen wir bereits nach 22 Sm in der „Marina Opatija" an. Fritz kann sein Auto nicht starten, die Batterie ist leer, nachdem mich die Crew zum Essen eingeladen hat, gebe ich Fritz mal Starthilfe und Werner hat mir den Rest seiner Verpflegung und Cafe da gelassen, was ich sehr nett finde und dann fahren sie alle ab in Richtung Österreich. Ich habe Fritz noch sechs Filme zum entwickeln mit gegeben. Nachdem ich die Seemeilen nach der Karte ausgerechnet habe, hat der Log um ca. 17 Seemeilen zu wenig angezeigt, was aber mit den Strömungen nicht verwunderlich ist, wir habe somit mal 295 Seemeilen in den zwei Wochen zurück gelegt. Es gibt am Nachmittag ein paar Regenschauer aber um 2100 ist es klar geworden bei 1028 hPc. An sich war der Törn und die Crew ganz OK.

2.Kapitel:

Die zweite Crew kommt an Bord

Am Samstag den 1. Oktober 1983 ist es am Morgen wieder klar und ruhig und ich mache Check von Motor und bunkere Wasser. Mache klar Schiff und versuche für den Kocher „Spiritus" zu bekommen, leider ohne Erfolg, dafür besorge ich Kabel und zerlege meinen Radio und schließe ihn an das Bordsystem an. Um 1400 kommt die Crew an, eine alte Freundin von mir, Wenche und mein Freund Karl aus OÖ mit seiner Frau Renate. Natürlich ist der Hafenkapitän nicht mehr da und ich kann nicht mehr einklarieren, somit müssen wir in der Marina bleiben, und in der Nacht haben wir starken Schwell. Wir haben alles eingebunkert und am Abend mit gutem feeling an Bord gefeiert und in der Nacht auch wieder nur kalt duschen können, auch in der ACI nobel Marina gibt es kein heißes Wasser, aber dafür teure Preise. Am Sonntag den 2. Oktober 1983 bereits um 0700 bei einem schlecht aufgelegten Hafenkapitän einklariert, aber dafür in fünf Minuten fertig gewesen. Wir haben NE mit 2 Bft und fast voll bewölkt bei 1042 hPc was ich immer noch nicht glaube und das Barometer eher justiert gehört. Wir gehen um 0800 mit einem Kurs von 188° in Richtung Süd und zum Auftakt streikt mal der Autopilot, dann die Erste große „Lage" unter Segel bei raumschot Kurs und dann Blatt vor dem Wind wo wir zwei Wenden und eine Halse machen, dabei eine „Patenthalse" wobei die BB Stütze der Plane abreißt, die ich aber sofort wieder reparieren kann. Um 1125 haben wir „Crna Punta" auf 210° Peilung und wir sind sogar noch kurz auf Kreuzkurs bevor wir um 1330 mal in der „U.Miracine" den Anker setzen und dort zu Mittag essen. Um 1520 gehen wir weiter und fahren noch bis nach „Unije" wo wir uns um 1810 nach den heutigen 43 Sm in der „U.Vognisco" vor Anker legen. Mit gutem feeling lassen wir den Abend ausklingen.

Wir gehen am Montag den 3. Oktober 1983 um 0910 von „Unije" ab nach „Mali Losinj" wo ich um 1120 an der Mole vom Hafenkapitän, meinem Freund „Sladko" anlege und auch gleich alles geschäftliche erledige, auch für Karl. Ich mußte mit „Sladko" etliche „klare" kippen um unsere Geschäfte zu „besiegeln" wie es hier so üblich ist. Dan gleich noch „Duty Free" einkaufen gewesen und über die Tankstelle, wo ich 44 Liter Diesel um 2.200.- Dinar tanke und dann um 1350 im Hafen anlege.

Wir liegen bei „Sladko" an der Mole und bunkern „Duty free"

Leider ist „Enzo" nicht da und ich muß bis 1800 warten um alles auch mit ihm zu erledigen. Vergeblich versucht auch hier in „Mali Losinj" Spiritus zu bekommen, nicht mal in der Apotheke, wo man Spiritus, zwar hochprozentig und sehr teuer bekommen kann, haben sie welchen. Ich habe nun bei „Sladko" von seinem Barometer mein Barometer justiert, von 1040 hPc auf nun, was mir eher richtig erscheint, 1027 hPc. Um 1940 brechen wir in einer klaren und ruhigen Nacht auf mit Kurs 135° in Richtung „Ilovik" wo wir uns um 2155 nach 25 Sm im „Ilovik Kanal" auf die Boje von der „Calypso" hängen, die meinen Freund Otto gehört. Es ist spiegelglatt und Renate ist mit Karl schon in der Koje, aber ich plaudere noch mit Wenche bis Dienstag den 4. Oktober 1983 bis 0200 früh. Es ist ein wunderschöner Tag nur etwas diesig und keiner Wolke am Himmel bei 1028 HPs und wir fahren ohne

Wind um 1000 mit einem Kurs von 147° in Richtung „Dugi Otok". Karl ist total „besessen" vom Navigieren und macht alle 10 Minuten eine Peilung mit dem Peilkompaß und wir haben um 1140 bereits „Greben" an Dwars und wir gehen um 1220 zwischen „Skarda" und „Ist" durch und dann mit 142° und auf Sicht bis zur „Dugi Otok" wo wir um 1403 nach 23 Sm auf der Mole vom Leuchtturm „Veli Rat" röm.kat. anlegen. Renate und Karl machen mal einen Spaziergang und von Wenche bekomme ich eine Maniküre und wir geben uns dann gemeinsam am Strand auf der West Seite beim „Veli Rat" mit guten feeling den Sonnenuntergang. Ich köchle dann noch für uns einen Kaiserschmarrn, wo der Leser hoffentlich jetzt nicht glaubt, daß es das Einzige ist, was ich kochen kann.

Renate, Wenche und Skipper Erich beim „Veli Rat"

Am Mittwoch den 5. Oktober 1983 nervt mich Karl bereits um 0630 Karl auf, da ich höre wie er den Anker fieren will und das Boot näher an die Mole ziehen will, weil er sich einbildet einen Waldlauf zu machen, wobei natürlich alle wach geworden sind. Nachdem ich ihn an

Land lies, war er bereits nach 5 Minuten schon wieder zurück, meiner Meinung nach, ist er bestenfalls bis ans Ende der Mole gelaufen, er ist lästiger als ein „Sack voll Flöhe", noch dazu hat er sich eingebildet, gerade jetzt an Bord eine „Knoblauchkur" zu machen, und man kann ihn bereits auf 10 m Entfernung riechen!

Sonnenuntergang mit Crew beim „Veli Rat"

Obwohl er ja körperlich sehr „zurück" geblieben ist, was ich ihm immer, natürlich als „Freund" erkläre, weil er ja ein Oberösterreicher ist, und ich ihm die Historie erkläre, nämlich das vor hunderten von Jahren die „Kelten" die Donau hinauf gezogen sind, und dann in Oberösterreich die „schwächlichen" und „gebrechlichen" in Oberösterreich zurück gelassen wurden, also sich dort die „zurückgebliebenen" ansiedelten, zu denen eindeutig Karl gehört, er hat bestenfalls 45 kg, mit samt seinen Bett! (Grins) Trotz seines „Federgewichtes" schafft er es aber, über das Deck zu „stampfen", wo es nicht anders sein konnte, als daß er mit den Fersen zuerst auftritt, so ähnlich wie „Wattussi" Tänzer die sich in Trance tanzen, sonst kann ein normaler Mensch nicht so laut auftreten.

46

Stimmung beim Sonnenuntergang am Strand beim „Veli Rat"

Dank Karl, kommen wir zu einem zeitigen Frühstück und legen um 0855 ab und fahren in Richtung „Zadar" und haben um 1052 bereits das „Plic Sajda" Dwars und fahren mit Kurs 113° weiter und um 1225 haben wir „Zadar" an BB Dwars und gehen bis nach „Biograd" wo wir um 1500 nach 35 Sm in der Marina anlegen. Dank der Mechaniker die wissen, das „Vinco" mein Freund ist, schaffen sie von acht Charterbooten für mich 5 Liter Spiritus zusammen zu bekommen und wir können wieder kochen. Das sie kein Geld nehmen wollen, gebe ich ihnen aber 500.- Dinar Tip. Am Abend lädt Renate und Karl, Wenche und mich auf das Abendessen ein, weiß nicht warum aber jedenfalls nett von ihnen. Da die Crew gegen eine Nachtfahrt ist, bleiben wir bei klarem Himmel um 2100 und 1027 hPc in der Marina liegen.

Am Donnerstag den 6. Oktober 1983 sind leider meine Beiden Freunde die Mechaniker „Vinco" und „Krecho" nicht in der Marina, sie fangen erst um 1400 zum Arbeiten an. Wir legen um 0947 wieder ohne Wind ab in Richtung Süd mit Kurs von 143° und haben den Leuchtturm „Prisnjak" um 1111 an BB Dwars und ändere Kurs auf 137° und nach

47

vergeblichen Versuch zu segeln, gehen wir nachdem wir den „Kukuljari" um 1202 an BB Dwars haben mit Kurs 121° bis zum „Rt. Tijascica" um dann mit Kurs 72° zum Kanal von „Sibenik" zu gehen, wo wir um 1349 einfahren und „Rt.Jadrija" an BB Dwars haben und wir fahren auf Sicht durch den Kanal und dann Hafen unter der Brücke durch und die „Krka" rauf bis nach „Skradin" wo wir um1540 nach 33 Sm röm.kat. anlegen mit Leine auf eine Boje. Karl geht duschen, leider wieder nur kaltes Wasser und ich habe kein Glück bei meinem Friseur da schon geschlossen ist. Am Abend sind wir bei Mate im Weinkeller und ich trinke relativ wenig, aber Karl hatte doch etwas zu viel, jedenfalls übergibt er seine Mahlzeit inklusive dem Wein dreimal dem Meer und spricht mit „Neptun". Wir gehen relativ früh in die Kojen und die Nacht ist total ruhig und klar bei 1025 hPc.

Karl und Renate an Bord.

Am Freitag den 7. Oktober 1983 machen am Morgen Renate und Karl einen Ausflug zu den Wasserfällen und nachdem ich auch kalt Duschen war gehe ich zum Friseur und lasse mich rasieren und die Haare waschen. Um 1400 sitzen wir schon wieder bei Mate bei Käse und Prosciutto und Rotwein. Um 1500 gehen auch die Mädchen kalt duschen und ich lasse den Motor für Kühlschrank laufen und am Abend alles eher locker, ich bin auf Wenche etwas böse, aber da ich nicht mehr genau weiß warum, gibt sich das ganze noch vor Mitternacht. Nur bin ich angeblich ganz schön lästig, und bin zu Renate in die Achterkajüte gegangen und mich zu ihr gelegt, aber sie haben mich dann mit einem Glas Whisky wieder raus gelockt, und ich habe mir dann noch den Rest vom „Ballantin" gegeben und somit kommt die Crew erst spät zum schlafen.

Renate und Wenche vor dem Weinkeller von Mate.

Am Samstag den 8. Oktober 1983 kauft am Morgen Karl noch Brot und ich bunkere Wasser und nehme noch Käse und Prosciutto von Mate mit und bezahle ihm mit „Coupons" auch für das letzte mal als wir sein Boot geliehen haben, 1.500.- Dinar da ich ja heuer nicht mehr nach „Skradin" kommen werde, aber wir sind jetzt Quitt. Wir gehen um 1000 die „Krka" runter und legen um 1135 an der Tankstelle an. Leider gibt es keinen Strom und wir müssen warten. Wir machen einen Stadtbummel und ich kaufe noch um 1.000.- ATS Coupons und Wenche telefoniert mit ihrer Mutter in Wien. Wir können nach 1300 endlich tanken, ich bezahle für 51 Liter Diesel 2.500.- Dinar und wir können um 1330 ablegen und fahren in Richtung „Kornaten". Auf der Fahrt, sperrt sich, ich weiß nicht wie, in der Achterkajüte ein und kommt nicht mehr raus. Leider kann ich ihn relativ schnell wieder befreien und wir haben

49

dann um 1435 „Rt.Sir" an Dwars und laufen mit Kurs 211° in Richtung „Zirje" wo wir nach wieder einen vergeblichen Versuch zu segeln, aber kein Wind ist, um 1555 nach 21 Sm in der „U.Stupica" röm.kat. anlegen. Renate und Karl machen einen Spaziergang zur Illyrischen Festung rauf.

Illyrische Festung in „Zirje" und an der Mole in „U.Pantera"

Am Sonntag den 9. Oktober 1983 hatten wir in der Nacht leichten Regen und morgens ist Karl schon wieder auf einen „Waldlauf" unterwegs um uns alle auf zu wecken. Es ist stark bewölkt bei 1016 HPs und leichten S mit 2 Bft und um 0950 gehen wir ab und kommen nach 2 Sm sogar einmal zum segeln nur nach 6 Sm bei der „U.Lojaca" die wir um 1145 erreichen, drücken wir wieder auf Motor und fahren mit Kurs 300° weiter. Die See ist etwas unruhig und es fällt auch Nebel ein und wir haben um 1405 den Leuchtturm „Prisnjak" an STB Dwars und wir gehen mit 342° in Richtung „Biograd" wo wir um 1555 nach insgesamt 28 Sm anlegen.

Vor der Festung auf „Zirje"

Am Abend gehen wir essen und feiern gleich den Geburtstag von Wenche doppelt und wir hören „Klaus Schulze" mit super feeling und somit bin ich erst am Montag den 10. Oktober 1983 um 0630 eingeschlafen. Am Morgen nach dem Frühstück kommen die Mechaniker freunde „Vinco" und „Krecho" vorbei und ich gehe mit ihnen auf einen „Cappuccino" . Um 1005 gehen wir ab von „Biograd" und wieder mal „spinnt" der Autopilot, wir gehen mal zum essen in die „Zdrelac" Enge, wo wir um 1210 den Anker setzen. Um 1440 gehen wir mit gutem feeling ab und kommen sogar wieder mal knapp 6 Sm zum segeln und um 1700 legen wir in der Marina Zadar nach 19 Sm an. Wir machen Stadtbummel und gehen Abendessen und relativ früh in die Kojen gegangen, da ich Wenche was „versprochen" habe.

Wenche und wir segeln mit Autopilot

Am Dienstag den 11, Oktober 1983 dürfte ich mein Versprechen bei Wenche eingehalten haben, denn sie ist mit mir als Erste auf und köchelt Frühstück. Nachdem wir 850.- Dinar für die Marina gezahlt haben gehen wir um 0920 ab und kommen wieder mal mit Kurs 295° sogar 15 Sm zum segeln und fahren zeitweise sogar auf der Scheuerleiste. Um 1340 legen wir an der Mole vom Leuchtturm „Veli Rat" röm.kat. an und köcheln mal ein Mittagessen. Karl war heute im Mast und hat das Arbeitslicht wieder angeschraubt, daß wieder locker wurde. Ich gehen mal alleine zur West Seite um nachzusehen wie die See ist, meiner Meinung hält es sich in Grenzen.

Karl im Mast und schraubt Licht wieder fest

Wir wollen dann doch noch eine Nachtfahrt machen und legen um 1715 ab und mit Kurs 312° in Richtung „Mali Losinj". Leider haben wir die See sehr unangenehm von Dwars und wir werden sehr stark durchgeschaukelt, was Karl so gar nicht gefällt und um es ihm und der Crew zu ersparen, nun sechs Stunden gebeutelt zu werden, drehe ich südlich von „Tramerka" ab und gehen mit Kurs 133° wieder zurück und wir legen um 1840 nach heute 27 Sm wieder an der Mole an. Es fällt dann sogar noch Nebel ein, und ich hoffe, daß Wind nachläßt und wir nicht Ankerwache gehen müssen. Wir haben jetzt S mit 3-4 Bft bei halber Bewölkung und um 2000 ist das Barometer auf 1018 hPc gefallen.

Renate wird von Karl in der Bucht gewaschen.

Der Mittwoch des 12. Oktobers 1983 fängt nicht besonders gut an, der Wind hat auf NNE mit 5 Bft gedreht und wir haben um 0200 Gewitter mit Regen. Die Bora drückt seitlich auf uns und ich habe den Motor gestartet und dampfe vorwärts in die Ankerleine ein um sie zu entlasten und nicht zu warten bis der Anker ausbricht. Ich löse die Landfeste die ich immer auf Slipp habe um nicht jemanden auf die Mole zu senden um die Leine zu lösen, ich lasse die Landfeste ausrauschen und wir kommen sofort von der Mole weg, nur dann hänge ich auf einmal wieder irgendwo. Als ich zurück nach achtern schaue, sehe ich, daß sich die dünne Leine vom Schlauchboot, die rundherum am

Schlauch angebracht ist, sich in dem Haltering der an der Mole runter hängt, verfangen hat. Also wenn man das wollte könnte es man mit hundert Versuchen nicht schaffen die Leine in den Ring einzuhängen, aber in dieser Situation schaut natürlich „Murphy" daß so was passiert, wenn man es am wenigsten brauchen kann.

Stimmung beim „Veli Rat" nach Gewitter

Das Schlauchboot schaut aus wie ein „Schmetterling" und hängt hinten am Heck und ist sicher auf jeder Seite um einen halben Meter länger gezogen worden. Wenn ich jetzt Gas wegnehme, werde ich sofort an die Mole gedrückt, somit schreie ich der Wenche zu, die noch immer unter Deck ist, sie soll mir ein Messer geben. Sie reicht mir allerdings ein Besteckmesser mit einem Plastikgriff raus und als ich die dünne Leine kappen will, bricht sofort die Klinge ab und ich habe nur mehr den Griff in der Hand. Das nächste Messer ist besser und ich kann die Leine kappen und wir schießen sofort voll nach vorne, wo Karl nun den Anker einholen kann, nur muß ich jetzt aufpassen, da wir ja nur 10 m Vorlaufkette haben und dann nur Ankerseil, daß ich nicht zu schnell nach vor fahre und wir uns das eigenen Ankerseil in den Probeller fahren. Wir schaffen es dann aber und ich fahre auf die Nord Seite der „Pantera" wo es wesentlich ruhiger ist und fast keine Wellen und setzen den Anker um 0230 neu und ich teile Ankerwache ein. Wir köcheln uns noch einen heißen Tee und Karl übernimmt die Erste Wache bis 0330 und dann wieder ich bis 0500 wo ich noch Gewitter hatte und NNE mit 5 Bft aber die Gewitter dann aufhörten und die Bora auf 3 Bft zurück ging und wir dann alle in die Kojen gehen können. Um 1000 haben wir strahlendes Wetter mit Bora und das Barometer ist von in der Nacht mit 1015 hPc auf nun 1024 hPc gestiegen und wir legen um 1035 ab und fahren in Richtung Nord mit Kurs 312° und fahren mal bis „Premuda" wo wir uns zum Essen in die „U.Dobra" um 1315 vor Anker legen.

Das Boot von „Sladko" meinem Freund der Hafenkapitän

    Der Autopilot hat trotzdem gut funktioniert und wir gehen um 1415 mit Kurs 330° weiter und kommen ohne Probleme doch mit Bora bis „Mali Losinj" wo wir nach 35 Sm um 1800 röm.kat. im Hafen anlegen und auch gleich 230.- Dinar Hafengebühr zahlen müssen. Abends kommt noch „Enzo" auf einen Cafe an Bord und mit Karl habe ich bis Mitternacht noch heftige Diskussionen. Um 0030 haben wir wieder klare Nacht und es ist ruhig im Hafen bei 1030 hPc.

Auf der Boje von der „Calypso" vor „Sv.Petar" im Kanal von Ilovik

Am Donnerstag den 13. Oktober 1983 gehen wir am Morgen noch Duty Free einkaufen und wir gehen um 0900 zur Tankstelle wo ich 43 Liter Diesel um 2.200.- Dinar tanke und dann auf die Mole zum Hafenkapitän, meinen Freund „Sladko" anlege, und ich bekomme bei „Sladko" alles und auch für Karl ist alles fertig gemacht. Bin noch kurz mit „Enzo" unterwegs gewesen und wir legen um 1155 ab und fahren die Küste der Insel „Cres" entlang in Richtung Nord, und um 1455 haben wir „Zeca" Dwars und laufen mit Kurs 357° weiter und es ist bereits 1840 als wir „Rt. Prestenice" an STB Dwars haben und der Autopilot wieder mal streikt. Die Mädchen haben bereits am Weg die meiste Zeit geschlafen und wir legen um 2105 in der Marina Opatija nach 51 Sm an. In der Marina werde ich von Renate und Karl zu Skipper Dinner eingeladen, Wenche ist nicht mitgegangen und hat geschlafen. Am Freitag den 14. Oktober 1983 haben wir ein Viertel Bewölkung bei S Wind mit 1 Bft und 1030 hPc und nach einem kräftigen Frühstück bunkern Karl und Renate aus und fahren ab nachdem ich sie ausklariert habe. Um 1045 fahren wir noch mit Kurs 165° in Richtung „Cres" wo wir uns in der nördlichen Bucht „U.Jablanac" um 1250 vor Anker legen. Wir essen dort zu Mittag und bei guten feeling mache ich von Wenche viele „Aktaufnahmen" und mit gutem feeling fotografiere ich noch den Film aus. Um 1515 gehen wir ab und legen nach 21 Sm um 1710 wieder in der Marina Opatija an. Am Abend mit Wenche noch einen Stadtbummel durch „Opatija" gemacht und mit guten feeling in die Kojen.

Am Samstag den 15. Oktober 1983 fahren wir noch in die Stadt und ich kaufe für Herbert eine „Kappe" und um 1100 kommt diesmal die Fr.Perkonig die Eignerin und wir bunkern mal alles aus. Wir machen klar Schiff und ich bezahle noch 300.- Schilling für den Diesel den ich noch verfahren habe, da ich ja nicht mehr tanken war und um 1400 übergebe ich das Boot. Wir versuchen in ganz Opatija Geld zu wechseln und Coupons zu kaufen, was aber erst nach fünf Versuchen gelingt und wir gleich essen gehen da wir schon großen Hunger haben. Um 1630 fahren wir dann ab in Richtung Österreich zurück.

Es war ein schöner Törn unter dem „Key of life" und trotz ein paar Problemen im großen und Ganzen schön und unvergeßlich geblieben, und ich hoffe, bei den Crews auch!

Auf der Fahrt zurück, mit Renate am Bug

Skipper Erich an der „Pinne" dem zweiten Steuerstand vom Motorsegler „MÖN 27" was zeitweise sehr angenehm ist wenn man an achtern im freien sitzen kann, mit dem Gefühl der Pinne.

60

Unter dem „Key of life" mit der „Antn" Motorsegler MÖN 27

„Antn" unter Vollzeug, und „Blatt vor dem Wind"

„Nachwort"

Da ich es verstehe, daß jemand der mit segeln und Motorbooten nichts am „Hut" hat, noch ein Boot kaufen, oder ein „Fahrtensegler" werden will, nicht ein Buch über 30.- € kaufen will, und dann noch in „Hardcover". Deshalb habe ich hier die Reiseberichte, zwar auch mit vielen Fotos, anschaulicher gemacht, und nur als „Paperback" aufgelegt um vielleicht doch bei mehr Leuten ein Interesse zu wecken, um unser Leben auf der „Key of life" dann „Manuda" und später auf der „Key of life I" zu verfolgen.

Ich bitte auch die teilweise nicht so gute Qualität der Fotos zu entschuldigen, aber alle Negative zu finden und dann einzuscannen würde ich sehr lange brauchen, deshalb habe ich aus den Logbüchern und Alben die Fotos eingescannt und überarbeitet, wobei natürlich Vergilbung und Flecken an den Fotos auftraten, da die Logbücher ja teilweise über 35 Jahre alt sind, und davon noch dazu viele Jahre und Seemeilen mit auf dem Boot in der Karibik waren, wo ihnen das heiße Klima und die Seeluft auch noch sehr zugesetzt haben. Somit wollte ich hier auch nur normalen „Smart Druck" wählen und keinen „Brillant Druck", denn das wäre sinnlos wenn ich keine hoch qualitativen Fotos zur Verfügung habe und Digital war ja hier noch sehr fern. Nur da die vorigen Auflagen viele Streifen in den Bildern hatten, mußte ich doch den „Brillant" Druck wählen, was aber das Buch etwas teuer macht. Leider haben viele Fotos einen „Farbstich" was auf den alten und schon lange nicht gewechselten „Entwickler" und „Fixierer" zurück zu führen ist, was sich bei den Fotografen auch nicht geändert hat, selbst wenn es jetzt nicht mehr in Jugoslawien ist. Bitte mir auch zu verzeihen, die sicher noch genügend Rechtschreibfehler und meine Grammatik, aber in „Deutsch" hatte ich immer eine „vier" und bis Dato habe ich kein Interesse daran, es besser zu lernen, und ich bin kein Schriftsteller noch Deutschprofessor!

Sowie mit meinen anderen Büchern, will, und werde ich sicher nicht reich werden, aber da wir es erleben durften, wollte ich es auch aufzeichnen, und jenen die vielleicht auch mal den Weg eines

Fahrtenseglers einschlagen wollen, zeigen warum ich (wir) dieses Leben gewählt haben, denn wie schon Eminescu sagte:

"Denn das Leben ist ein verlorenes Gut, wenn man nicht gelebt hat wie man hätte leben wollen."

Und wenn ich mir nun, nach meinem Kulturschock, als ich wieder nach Österreich zurück kam, die Leute betrachte, und von 50% in Wien ihre Sprache nicht mehr verstehe, dann kann ich nur immer wieder Einstein zitieren:

„Um sich in einer Schafherde wohl zu fühlen, muß man vor allem ein Schaf sein"

Leider sind in Österreich diese „Schafe" die nicht mal unsere Sprache sprechen, auch wahlberechtigt was beweist was ich in meinen anderen drei Büchern, die nicht vom Segeln handeln, schon geschrieben habe, mit diesem Volk kann eine Demokratie nicht funktionieren und ich würde mich auf ein Leben am Segelboot zurück sehnen, um mit dieser *„kapitalistischen Gesellschaft ohne Moral"* nichts mehr tun zu haben, was aber leider nicht mehr möglich sein wird.

Da ich ja mal 350 Clubmitglieder hatte, macht es vielleicht einem Teil von ihnen Freude nochmals über ihren Törn nachzulesen und ein paar Fotos zu sehen, daß ist auch einer der Gründe warum ich nun an diesen Bücher vom Beginn mit unserer ersten „Key of life" zu schreiben anfange. Vom Beginn in Lignano 1985 über Jugoslawien bis zum Krieg wo es dann Kroatien wurde, bis wir wieder in Lignano, mit dieser Ersten „Key of life" am 14. April 1990 Feuer an Bord hatten und ich, nach über 22.000 Seemeilen, das Boot verkaufen mußte, es wurden nun fünf Teile von meiner ersten „Key of life" aber es macht mir auch wieder Freude in den Logbüchern, ohne die es ja nicht möglich sein würde, diese Geschichten aufzuschreiben und in Gedanke wieder zu erleben, oder wißt ihr noch, was ihr am 5. April 1986 gemacht habt?

Skipper Erich und Freundin Wenche nur mehr alleine an Bord

Renate wird von mir gesegnet, und Fischerboot bei Sonnenuntergang

Skipper „Erich" nimmt bei Sonnenuntergang Abschied am West Strand
vom „Veli Rat"

GLOSSAR:

ABDRIFT: Die durch den Wind verursachte seitliche Bewegung eines Bootes nach Lee. Die Stärke der Abdrift ist abhängig von der Form des Überwasserschiffes und des Lateralplanes sowie dem Kurs zum Wind. Die Einflüsse eines „Stromes" sind in der Abdrift nicht enthalten; sie werden als „Stromversetzung" getrennt berücksichtigt.

ABSCHLAGEN: Das Abnehmen des Segels vom Baum oder Vorstag. (Gegenteil: anschlagen)

ACHTERAUS: Alles, was hinter einem Boot liegt. (Gegensatz: voraus)

AFFENKÄFIG: auch "Touristendschangler", die niedrigste Form des Touristentransportes. Meistens Holzboote mit Masten als "Pseudosegler" getarnt die als "Piratenfahrten" eine bestimmte Route befahren.

ANTIFOULING: Gifthaltige Unterwasserfarbe, die den Bewuchs des Unterwasserschiffs durch Muscheln oder Algen verhindern oder hemmen soll.

AUFLANDIG: Wenn der Wind von See in Richtung Land weht. (Gegenteil: ablandig.)

BACKSKISTE: Durch eine Klappe von oben zugänglicher Kasten in einer Sitzbank.

BB: (Backbord) "Links" In Fahrtrichtung gesehen die linke Seite des Bootes.

BEAUFORT SKALA: Bft = Die Windgeschwindigkeit in 12 Stärken geschätzt, wurde 1874 international anerkannt, nur die Amis, bis auf wenige, haben keine Ahnung davon. 1949 wurde sie bis Windstärke 17 erweitert.

BEIDREHEN: Manöver zum kurzzeitigen Stoppen eines Bootes, bei dem der Wind die Segelfläche neutralisiert und das Boot kaum Fahrt durchs Wasser macht. Dauert das Manöver länger. Spricht man von „BEILIEGEN", meistens um schweres Wetter abzuwettern.

BESAN: Der hintere Mast auf einem Anderthalbmaster, z.b. einer Ketsch.

BILGE: Die tiefste Stelle im Bootsrumpf über dem Kiel und unter den Bodenbrettern, an der sich das Bilgewasser sammelt, bis es von der Bilgepumpe wieder gelenzt wird.

BIMINI: Ein Verdeck mit einem Gestänge über das Cockpit zum Schutz gegen die Sonne.

BOJE: Im Grund verankerter Schwimmkörper zum Festmachen von Booten.

BÖ: Plötzlicher Windstoß mit größerer Windgeschwindigkeit, aber kurzer Dauer.

BORA: Fallwind aus NE sehr gefährlich im "Velebit Kanal".

BRECHEN: Seemännischer Ausdruck für das Reißen von Leinen und Ketten (nicht jedoch für Segel)

BUG: Das vordere, weitgehend spitz zulaufende Ende eines Bootes, der vorderste Bereich des Vorschiffes.

COCKPIT: Der mit einer Vertiefung im Deck eingebaute Sitz – und Arbeitsraum für die Besatzung. Im Deutschen auch "Plicht" genannt.

CQR oder PFLUGSCHARANKER: Ein bewährter Leichtanker, der mindestens eine Haltekraft des Zwanzigfachen, höchstens des Sechzigfachen seines Gewichtes hat. Er gräbt sich mit seiner einzigen, wie ein Pflug geformten Flunke besonders auf hartem Sand- und Schlickboden schnell und tief ein. Der Schaft ist seitlich weit schwenkbar, ohne das die Flunke ausbricht.

CURRY KLEMME: Nach seinem Erfinder Manfred Curry benannter Beschlag, um z.B. eine Schot nicht an einer Klampe belegen zu müssen, sondern durch festklemmen in jeder gewünschten Position halten zu können. Die C.K. hat zwei gegeneinander bewegliche, federnd gelagerte Backen, die ein Ende bei Zugbelastung halten, aber durch einfaches Hochreißen sofort wieder freigeben.

DAMPFERLICHT: Eine ursprünglich auf den Dampfer bezogene Bezeichnung für die Topplaterne eines Maschinenfahrzeuges mit einem Leuchtwinkel von 225°. Bei Fahrten unter Motor muß auch eine Segelyacht ein Dampfer Licht führen.

DAVIT: Kranartige gebogene, senkrechte Vorrichtung am Heck montiert um z.b. Das Beiboot hochzuziehen und daran zu führen.

DEVIATION: Ablenkung der Nadel eines Magnetkompasses durch magnetische Einflüsse des Bootes. Deviation kann nicht nur durch benachbarte Eisenmassen (Motor, Ballastkiel, Ruderanlage usw.), sondern auch durch elektrische Leitungen, elektronische Geräte u.ä. erfolgen.

DINGI: Kleines Beiboot, oft ein Schlauchboot das auch scherzhaft „Radierer" genannt wird.

DOPPELENDER: Ein Boot mit Spitzgattheck, bei dem sich die Formen von Bug und Heck ähneln.

DREIFARBENLATERNE: Auch Dreieinigkeitslaterne genannt, sie zeigt ein Rundumlicht an. Durch unterschiedlich farbige Linsen strahlt sie jedoch die vorgeschriebenen Seitenlichter und das Hecklicht aus einem Gehäuse in den vorgeschriebenen Leuchtwinkeln aus: Von recht voraus bis 2 Strich achterlicher als querab nach Steuerbord das grüne Steuerbordlicht, an Backbord das rote Backbordlicht und im verbleibenden achterlichen Sektor das weiße Hecklicht.

DWARS: Querab, rechtwinklig zur Fahrtrichtung

E: Ost aus dem engl. "east" wird so geschrieben um nicht mit "Null" verwechselt zu werden. (Windrichtung NE = Nordost)

ECHOLOT: Tiefenmesser, elektro – akustisches Gerät zum bestimmen der Wassertiefe.

EPOXIDHARZ: Ein in flüssiger und lösungsmittelfreier Form lieferbares Kunstharz, das durch Zugabe eines Härters mit Abgabe von Wärme aushärtet.

ETMAL: Dauer eines (astronomischen) Tages sowie die in dieser Zeit zurückgelegte Distanz in Seemeilen, von einem Mittagsbesteck zum anderen. Mittag 12.00 Uhr bis zum folgenden Tage Mittags 12.00 Uhr.

FALL: Das Tauwerk mit dem die Segel aufgezogen werden, je nach Segel wird auch das Fall benannt, Großfall, Genuafall oder Spifall.

FENDER: Polster aus unterschiedlichen Materialien, um die Bordwand vor Beschädigungen an Stegen, Molen usw. zu schützen.

FIEREN: Nachlassen von Leinen oder Schoten. Gegenteil ist DICHTHOLEN: anziehen von Leinen.

FLYBRIDGE: Der obere, meistens zweite Steuerstand einer Motoryacht, der im freien ist und meistens nur mit einer Bimini von der Sonne geschützt ist. Aber auf großen Yachten auch mit fix montierten Dach und Aufbauten vor Wind und Wetter geschützt ist.

F = FOXTROTT: Weiße Flagge mit rotem Rhombus. Bedeutung: „Ich bin manövrierunfähig; treten Sie mit mir in Verbindung."

FREIBORDHÖHE: Die von der Wasserlinie bis zum Deck gemessene Höhe der Bordwand, die vom Beladungszustand des Bootes und dem Deckstrak oder Sprung abhängt.

GASTLANDFLAGGE: Die Nationalflagge eines fremden Landes, das eine Yacht besucht. Die G. wir als Ehrenbezeugung in den entsprechenden Hoheitsgewässern gesetzt. Bei einem Segelboot in der STB Saling und sollte eine Größe von 30x45 cm haben.

GLASEN: Anschlagen der Schiffsglocke nach Ablauf jeder halben Stunde mit einer ungeraden Schlagzahl und nach jeder vollen Stunde durch Doppelschläge. Jede Wache beginnt das Glasen mit 1 Glas (z.B. 0830) und endet mit 8 Glas (z.B. um 1200). Der Ablauf der Zeit wurde früher durch das Stundenglas gemessen, das alle halbe Stunde nach dem Glasen umgedreht wurde.

GPS: Global Position System Mit 12 Satelliten im Dopplerverfahren arbeitendes Gerät zur Position und Höhenbestimmung, geht bis zu 3 m genau.

GUT: Das gesamte Tauwerk der Takelage eines Segelbootes, unterteilt in "stehendesGut"-dazu zählt die feste Verstagung des Mastes mit Vorstag, Wanten und Achterstag –und "laufendes Gut". Dazu gehören die Fallen zum Setzen der Segel und die Schoten zur Segelführung.

HAND: Ein Mitglied der Crew, gegen Entgeld als „bezahlte Hand" bezeichnet. Auf Langfahrten oft gesucht unter: „Hand gegen Koje", unbezahlt aber dafür mithelfend als Crew. Da nur als eine „Hand" bezeichnet, weil am Boot das „Sprichwort" gilt: „Eine Hand für das Schiff, eine für den Mann", was bedeutet, daß man sicher immer festhalten sollte.

HECK: Das hintere Ende eines Schiffes, auch "Achtern" genannt.

hPc : Hektopascal früher Millibar, die Angaben des Luftdruckes am Barometer.

HURRIKAN: Hurrikans werden nach der „Saffir –Simpson Skala" in fünf Kategorien eingeteilt, die Kategorie 4 bedeutet Windgeschwindigkeit von 210 bis 250 Stundenkilometern und einer Flutwelle, die er vor sich hertreibt von 4 bis 6 Metern!

IIII: Incredibly - Insane - Ignorant - Idiot - Frei übersetzt würde es ungefähr bedeuten: unglaublich geisteskranke unwissende Idioten!

JOGHURTBECHER: "GFK-Yachten"   Abkürzung   für glasfaserverstärkter Kunststoff.

JUGO: Wind aus SE (Südost) oder Bezeichnung für Leute aus dem Süden.

KABBELWASSER: Durch verschiedene Wirkungseinrichtungen, wie Dünung, Strom und Windrichtung, durcheinanderlaufende See.

KETSCH: Ein Anderthalbmaster, wo der zweite hintere Mast, der Besan kürzer ist.

KLAMPE: Fest geschraubter oder verbolzter Beschlag zum Belegen von Tauwerk aus unterschiedlichen Material (Metall, Kunststoff, Holz) unterschiedlicher Form und vielfältiger Konstruktion. Eine K. ist immer für waagerechten Zug ausgelegt und kann wahlweise an Deck, am Mast, an anderen Plätzen und in anderen Ebenen montiert werden mit der einzigen Bedingung, daß die Laufrichtung des Seiles in der gleichen Ebene wie die K. liegt.

kn: "Knoten" Nautische Geschwindigkeitsbezeichnung für Seemeilen pro Stunde. Der Ausdruck stammt von der Markierung der Logleine des alten Handlogs mit Knoten.

kn = Maßeinheit für die Bootsgeschwindigkeit, die Fahrt durchs Wasser, 1. Knoten entspricht 1 Seemeile pro Stunde, das sind 1852 m/h

KOORDINATEN: Bezugsgrößen in entsprechenden Systemen um die Lage eines Punktes zu bestimmen. Auf der Erdoberfläche ist jeder Punkt durch die geographische Länge und Breite fixiert.

KOPPELNAVIGATION: Das Koppeln mit den Faktoren, Kurs, Fahrt und Zeit, so daß die Position eines Bootes jederzeit durch einen Koppelort aus der Seekarte ersichtlich ist.

KRÄNGUNG: Schräglage (eines Bootes)

LÄNGSSEITS: Entlang der Seite; Seite an Seite; z.B. Längsseits anlegen.

LEE: Windschattenseite, oder die vom Wind abgewandte Seite, Gegenteil LUV: Dem Wind zugewandte Seite.

LEGERWALL: Auf Legerwall liegen = eine Yacht liegt vor einer Küste oder einem anderen Hindernis, auf die Wind und See setzen. Stets eine gefährliche Situation.

LOG: Meßinstrument für die Geschwindigkeit des Bootes.

LUFTHUTZE: Auch Windhutze genannter, ohrmuschelförmiger Aufsatz, der drehbar auf einem Luftschacht gesetzt ist, um in die jeweilige Windrichtung gestellt werden und eine ausreichend große Luftmenge einfangen und ableiten zu können. Damit ja kein Spritzwasser unter Deck kommen kann, sind Lüfterkopf und Luftschacht seitlich versetzt damit eingedrungenes Spritzwasser durch kleine Speigatten wieder ausfließen kann.

LUV: Die dem Wind zugekehrte Seite.

MAYDAY: Internationaler Notruf im Funkverkehr bei Lebensgefahr. Im Morsecode

SOS ... --- ... oder mit Lichtzeichen 3x kurz 3x lang 3x kurz (Save Our Souls - Rettet unsere Seelen). PAN PAN ist ein Hilferuf wenn keine Lebensgefahr besteht.

MURING: Eine Boje mit Leine die an einem am Grund befindlichen Betonblock oder ähnlichem, fest verankert ist und auf der man festmachen kann, meistens gegen Bezahlung einer Gebühr.

NIEDERGANG: Eingang und Treppe zu der meist tiefer als das Cockpit gelegenen Kajüte oder Salon.

PALSTEK: Ein "Stek" (Knoten) bei dem man ein "AUGE" im Tampen (Das Endstück einer Leine) erhält, das sich nicht zusammenzieht und zum Festmachen über einen Poller gelegt werden kann.

PINNE: Kurzbezeichnung für RUDERPINNE, mit dem Ruderkopf verbundener einarmiger Hebel, an dessen Ende der Rudergänger zum Ruderlegen direkt mit der Hand arbeitet. Die Länge der aus einem Metallstab oder einem Holzprofil gefertigten Pinne hängt von der Größe des Ruderblattes und von der Heckform ab. Bei der Ausführung von Ruderkommandos ist zu beachten, daß die Pinne immer entgegengesetzt zu der Richtung gelegt werden muß, in die das Boot drehen soll.

POLLER: Fest verankerter, starker, oft Pilzförmiger Pfahl aus Holz oder Metall zum Festmachen von Leinen und Trossen. Ein Poller ist sowohl auf der Pier als auch an Bord auf dem Vorschiff gebräuchlich.

PÜTTING: Auch Rüsteisen genannter Beschlag, der an der Außenhaut, am Spant, am Kiel oder nur am Schanzkleid sicher befestigt ist, um die Wanten zu befestigen und ihren Zug auf den Bootsrumpf zu übertragen.

QUADRANT: Himmelsrichtung in vier Teile aufgeteilt. 1. Quadrant N bis O also von 000° bis 090° der 2. Qu. 90° bis 180° der 3. Qu. 180° bis 270° und der 4. Qu. Von 270° bis 360° Kann aber auch ein RUDERQUADRANT sein, bei einer Radsteuerung ist am Ruderschaft ein Ruderquadrant als zusätzlicher Bauteil aufgesetzt.

QURIGALE: Starker NE Wind in Malta, ähnlich der BORA in Jugoslawien, und dem MELTEMI in Griechenland.

RADARREFLEKTOR: Nach Art eines Triplespiegels rechtwinkelig zusammengesetzte Metallflächen, die allseitig einen Radarstrahl in die Herkunftsrichtung reflektieren und dabei ein auffälliges Zielzeichen auf dem Bildschirm des Radargerätes erzeugen.

REFF: Verschiedene Patente um die Segelfläche eine Segels zu verkleinern, wir haben ein „Bindereff"

RIGG: Bezeichnung der Takelage mit allen Teilen des stehenden und laufenden Gutes einschließlich Mast und Spieren.

R/O: Wasser ist REVERSE OSMOSIS Wasser, aus Seewasser gewonnenes Wasser, im selben Prinzip arbeitet auch unser Wassermacher. Durch eine dichte Membrane wird mit hohem Druck das Salzwasser gepreßt und es entsteht dabei Frischwasser.

RUDERWIRKUNG: Das Boot dreht mit dem Bug nach derjenigen Seite, zu der das Ruder gelegt ist. Das Steuermoment ergibt sich aus der Größe des Ruderblattes und seinem Abstand vom Drehpunkt des Bootes.

SALING: Waagerechte Strebe am Mast, die im oberen Bereich die Wanten abspreizt, um eine bessere Mastverspannung zu erzielen.

SATELLITEN NAVIGATION: Schiffsortbestimmung mit Hilfe von Navigationssatelliten, die alle 2 Minuten ihren genauen Standort senden. Die

Fehlerquote ist gering, der Aufwand an Instrumenten groß, das Verfahren teuer. Wurde durch den GPS abgelöst.

SCHEUERLEISTE: Um das Boot in Deckshöhe umlaufende Holz oder Gummileiste zum Schutz der Außenhaut gegen Schamfilen oder zur Aufnahme von Stößen beim Anlegen oder längsseits liegen.

SCHOTT: Schott Tür oder Steck Schott. Eine auf Yachten nur selten wasserdicht schließende Tür, die einen Schott - Durchgang oder Niedergang mit Schiebelucke sperren kann.

SCHWANENHALS: Das obere Ende eines aus dem Deck nach oben führenden und meistens an der Kajütenwand befestigten Entlüftungsrohres, das gegen einen möglichen Wassereintritt mit kleinen Krümmungsradius um ca. 180° nach unten gebogen ist und dicht über Deck endet.

SCHWELL: In Häfen hinein stehende Dünung. Von vorbei fahrenden Schiffen verursachter Wellenschlag. Stärker ausgeprägt und mit anderen Wasserwellen überlagert wird daraus "Kabbelwasser".

SCHWOJEN: Das Hin – und Herdrehen eines Bootes vor Anker, eine kombinierte Dreh – und Pendelbewegung. Auch das seitliche Vertreiben nach Lee durch den Einfluß von Wind oder Strom, wenn der Wind dreht oder der Strom kentert, wird Schwojen genannt.

SEPTIC oder HOLDING TANK: Strenge Vorschrift in der USA, jedes Boot muß einen Schmutzwassertank haben in dem das WC mit einem Y-Ventil (zwei Weg Ventil) angeschlossen sein muß. Der Tank muß an div. Pumpstationen dann abgesaugt werden oder man kann ihn auch drei Meilen außerhalb der Küste auspumpen. Die Vorschriften sind aber in jeden Staat verschieden, und nicht mal in Florida selber sind sie gleich.

SEXTANT: Winkelmeßgerät zur Schiffsortbestimmung, für die Höhenmessung eines Gestirns.

SICHERHEITSGURT: Ein kombinierter Brust-Hüft-Schritt-Gurt, in einem Spezialschloß zusammenlaufend, an dem die Sorgeleine (mit 2 Karabinerhaken auf halber und voller Länge) befestigt ist. Der S. dient zur Sicherung bei Decksarbeiten. Auf einem Seekreuzer gehört ein S. zur Sicherheitsausrüstung jedes Besatzungsmitgliedes.

SKIPPER: Der "Kapitän", das heißt, der verantwortliche Führer einer Yacht, im Gegensatz zum Besitzer, der Eigner genannt wird. Leider gibt es bereits viele "Eigner" die besser einen "Skipper" an Bord hätten.

SLUP: Ein einmastiges Segelboot mit Großsegel und nur einem Vorsegel, die heute übliche Takelung von Jollen und auch bei Kielbooten dominierend.

SM: "Seemeile" Sie ist 1852 m lang. (1/10SM = Kabellänge = 185 m)

SPINNAKER: Ein großflächiges, ballonähnliches Beisegel, das auf raumen Kursen, von raum-vorlich bis vor dem Wind gefahren wird.

SPRING: Zusätzliche Festmacheleine zu der Vor - und Achterleine, die eine Bewegung des Bootes in der Längsrichtung verhindern. Die Vorspring verläuft vom Vorschiff schräg nach hinten, die Achterspring vom Achterschiff schräg nach vorne.

SSB: Single Side Band ein Marine Funkgerät für lange Distanzen auf Kurzwelle, im Gegensatz zu VHF Very High Frequency (UKW - Ultrakurzwelle) das nur für kürzere Distanzen geeignet ist, im Normalfall ca. 20 bis 50 Sm je nach Antennenhöhe.

STAG: Drahttauwerk auch stehendes Gut genannt, daß den Mast längsschiffs hält, vorne VORSTAG und hinten ACHTERSTAG genannt.

STB: (Steuerbord) "Rechts" In Fahrtrichtung gesehen die rechte Seite eines Bootes.

STOPFBUCHSE: Hohlzylinder zum Abdichten der Propellerwelle durch den Schiffsrumpf. Die S. wird mit Packungen verschiedener Materialien belegt, die sich im Betrieb nachstellen lassen, wenn die Durchbrechung zu lekken beginnt.

TERMINAL: Der Endbeschlag am Tampen von Drahttauwerk, der entweder als Walzterminal oder als Gewindeterminal aufgebracht oder als Bügelseilhülse durch Pressung mit dem Tampen verbunden werden kann. Nach der Form des Endstückes kann man zwischen einem Gabelterminal, Augterminal oder Ballterminal wählen.

TÖRN: "Seetörn" Die Zeit die ein Boot nach dem Auslaufen bis zum Einlaufen auf See verbringt. Auf Segelbooten spricht man daher auch von einem "Segeltörn".

TRIMMRUDER: Auch Trimmklappe genannt, ein kleines Ruder oder Klappe die an der Achterkante des Ruderblattes montiert ist und mit einer Verlängerungsachse mechanisch mit geringen Kraftaufwand bedient werden kann, hilft damit den Druck auf die Pinne zu entlasten.

U.: "Uvala" kroatisch für Bucht z.B. U. Soline = Bucht Soline

VERKLICKER: Allgemein ein Windrichtungsanzeiger auf dem Masttop. Der typische Verklicker ist eine Drehvorrichtung mit einem Windpfeil in einem Rahmen mit festen Seitenarmen, die mit dem Windrichtungsanzeiger in Deckung stehen sollen, wenn das Boot seinen optimalen Amwindkurs steuert.

WANT: Drahttauwerk, stehendes Gut, daß den Mast seitlich hält, kürzere Wanten die bis zur Saling gehen werden BABYWANTEN genannt.

WANTENSPANNER: Eine Spannschraube, die zwischen Want und Pütting befestigt ist, um dem stehenden Gut die gewünschte Festigkeit und Spannung zu geben. Da sich die gegenläufigen Schraubstifte aus der Hülse drehen können, wenn die Verbindung belastet wird, ist ein Wantenspanner durch Kontermuttern oder Draht gegen unabsichtliches Aufdrehen zu sichern.

WASSERHOSE: In tropischen Gebieten auch TROMBE genannt. Hat normalerweise nur wenig Durchmesser, maximal ca. 200 m doch kann sie erhebliche Zerstörung verursachen. Windgeschwindigkeiten bis zu 500 km/h.

WASSERSTAG: Ein Stag vom Vorsteven zum Bugsprit bzw. zum Klüverbaum, das das Klüvergeschirr gegen den Zug nach oben sichert. Um jeglichen Reck zu vermeiden, fertigte man das Wasserstag meistens aus Rundeisen oder benutzte eine große Wasserstag Kette.

WETTER FENSTER: Hier auch „weather window" genannt, speziell bei Überquerung des Golfstromes, das abwarten auf günstige Bedingungen zwischen zwei Fronten um einen längeren Törn zu machen

WINDGENERATOR: Eine Art Lichtmaschine die mit einem Propeller versehen ist und damit die Batterien mit Strom versorgt. Manche laden erst bei Windstärken um die 5 Bft wirklich sinnvoll, machen aber dafür einen Höllenlärm. Einige teure Geräte sind aber leise und effizient.

WINSCH: Eine Winde die mit Übersetzung und einer Kurbel, das einholen oder aufziehen von Leinen ermöglicht. In diesem Fall ist die Großfallwinsch, am Mast montiert, für das aufziehen des Großsegels.

WULING: Ein Durcheinander von Tauwerk, das durch "Aufschießen" oder "Aufklaren" in Ordnung gebracht wird.

WURM: "Arschloch" im Buch verwendet um es etwas zu entschärfen und es nicht so vulgär zu schreiben. An Bord verwendet unter Freunden und Crew - scherzhafter Ausdruck für kriechende niedrige Lebensform.

ZINKANODE Auch OPFERANODE: genannt, kleine Zink oder Magnesium – Platte oder Ring die an die Außenhaut oder an die Propellerwelle angebracht wird und die sich im Rahmen eines kathodischen Korrosionsschutzes sich selbst anstelle des Propellers durch Elektrolyse zerstört.

Bücher von mir die noch erschienen sind:

„Zum Denken verurteilt" 316 Seiten Buch Hardcover
ISBN: 9783734751295 E-Book ISBN-13: 9783749414017
https://www.bod.de/buchshop/catalogsearch/result/?q=9783734751295

Unter dem „Key of life" 1. Teil   Buch Hardcover
„Weltumsegelung, der 3. Versuch"   476 Seiten davon 75 in Farbe
ISBN-13: 9783743152038   E-Book ISBN 9783749414888
https://www.bod.de/buchshop/unter-dem-key-of-life-1-teil-erich-beyer-
9783743152038

Unter dem „Key of life" 2.Teil   Buch Hardcover
„Bermuda Dreieck und zurück"   280 Seiten davon 86 in Farbe
ISBN-13: 9783743195677 E-Book ISBN 9783749415595
https://www.bod.de/buchshop/unter-dem-key-of-life-2-teil-erich-beyer-
9783743195677

Unter dem „Key of life" 3. Teil   Buch Hardcover
„Der vorletzte Kontinent"   436 Seiten davon 254 in Farbe
ISBN 9783746016283 E-Book ISBN 9783749443215
https://www.bod.de/buchshop/unter-dem-key-of-life-3-teil-erich-beyer-
9783746016283

4.Teil "Reiseberichte unter dem Key of life von 1999 bis 2020"
Paperback Version mit 328 Seiten, 69 Farbfotos
ISBN: 9783752611618, ,   E- book ISBN-13: 9783752634815
https://www.bod.de/buchshop/catalogsearch/result/?q=+Reiseberichte+u
nter+dem+Key+of+life

Mit S.Y. Braveheart durch Hurrikan Debie
     Paperback 112 Seiten 45 Seiten in Farbe
     ISBN: 9783751976091 E-Book ISBN 9783752675894
https://www.bod.de/buchshop/mit-s-y-braveheart-durch-hurrikan-debie-
erich-beyer-9783751976091

Mit jeder APP wirst mehr zum Depp! ISBN: -13: 9783751956161
Paperback   132 Seiten   E-Book: ISBN-13: 9783751992381

https://www.bod.de/buchshop/mit-jeder-app-wirst-mehr-zum-depp-erich-beyer-9783751956161

Logbuchauszüge M.S.Y. Manuda von 1994 bis 1998   Paperback
ISBN: 9783752644074   E-book ISBN-13: 9783752635355
https://www.bod.de/buchshop/logbuchauszuege-manuda-erich-beyer-9783752644074

„Beginn mit der Key of life" *1.Teil: Der Anfang mit Kauf der Segelyacht*
Paperback 240 Seiten davon 120 in Farbe
ISBN: 9783753420271   E-Book ISBN-13: 9783753412252
https://www.bod.de/buchshop/beginn-mit-der-key-of-life-erich-beyer-9783753420271

„2.Saison mit der Key of life" *2.Teil in Jugoslawien und Malta*
Paperback 232 Seiten davon 102 in Farbe
ISBN: 9783753459967
https://www.bod.de/buchshop/2-saison-mit-der-key-of-life-erich-beyer-9783753459967

„3. Saison mit der „Key of life" 3.Teil in Jugoslawien u. Malta 1987-88
Paperback 216 Seiten mit 146 Fotoseiten,
ISBN: 9783753473475   E-Book ISBN:9783753474267
https://www.bod.de/buchshop/3-saison-mit-der-key-of-life-erich-beyer-9783753473475

„Wie weit können wir noch verblöden?" BBB – Beyers Beschwerde Buch „Als Österreicher bald eine Minderheit im eigenen Land"
Paperback 180 Seiten ISBN-13: 9783754334638 E-Book
https://www.bod.de/buchshop/wie-weit-koennen-wir-noch-verbloedeno-erich-beyer-9783754334638

„4. Saison mit der „Key of life" *4.Teil in Jugoslawien und Malta*
„Start in die vierte Saison 1988 – 1989
Paperback 244 Seiten davon 134 in Farbe ISBN: 9783754356210
https://www.bod.de/buchshop/catalogsearch/result/?q=Erich+Beyer

5. Saison mit der „Key of life"   ISBN: 9783755738121
5. und letzter Teil in Jugoslawien, Malta und Italien
„Start in die fünfte Saison 1989 bis 1990"
Paperback 220 Seiten 141 in Farbe   E-Book ISBN: 9783755763758
https://www.bod.de/buchshop/5-saison-mit-der-key-of-life-erich-beyer-9783755738121

„Beginn mit Manuda"   ISBN: 9783755760498
1.Teil „Unter dem Key of life mit Manuda" Start in Italien 1992 und
„Manuda" auf der Werft in Malta bis 1993.
Paperback 212 Seiten davon 131 Farbseiten
https://www.bod.de/buchshop/der-beginn-mit-manuda-erich-beyer-9783755760498

„M.S.Y.Manuda" Saison 1993-1994   ISBN: 9783755785606
2. Teil Unter dem Key of life mit Manuda
Saison 1993-94 mit Manuda in den Kriegswirren in Kroatien
Paperback 272 Seiten davon 175 in Farbe
https://www.bod.de/buchshop/m-s-y-manuda-saison-1993-bis-1994-erich-beyer-9783755785606

„M.S.Y.Manuda" Saison 1995   ISBN: 9783755774754
3.Teil Unter dem Key of life mit Manuda
Mit „Manuda" Saison 1995 im Krieg in Kroatien
Paperback 184 Seiten davon 104 Farbseiten als Neuauflage
https://www.bod.de/buchshop/msy-manuda-saison-1995-erich-beyer-9783755774754

„M.S.Y.Manuda" Saison 1996   ISBN: 9783753491066
4.Teil Unter dem Key of life mit Manuda
Saison 1996nach dem Krieg in Kroatien
Paperback 212 Seiten davon 106 Farbseiten
https://www.bod.de/buchshop/msy-manuda-saison-1996-erich-beyer-9783753491066

„M.S.Y.MANUDA" Saison 1997   ISBN: 9783754333532
5.Teil Unter dem Key of life mit Manuda   E-Book:
Kroatisches „Service" mit Einbrüchen und Abzocke
Paperback 276 Seiten davon 114 Farbseiten
https://www.bod.de/buchshop/msy-manuda-saison-1997-erich-beyer-9783754333532

„M.S.Y.MANUDA" Saison 1998 - 1999   6.Teil Unter dem Key of life mit Manuda   *Letzter Teil, Kroatien ist zu vergessen*
Paperback 308 Seiten davon 127 Farbseiten ISBN: 9783756200658
https://www.bod.de/buchshop/msy-manuda-saison-1998-1999-erich-beyer-9783756200658

„Beginn mit Motorbooten" mit „M.Y.Andrea" und „Elan F-606"
Jugoslawien 1982 bis 1983 von „Mali Losinj" bis „Dubrovnik"
Paperback 136 Seiten davon 92 Farbe ISBN: 9783756207084

So liegen wir am Riff vor „Petite Martinique" in Grenada wo sie nun mutwillig noch alles zerstört haben, nachdem am Boot alles gestohlen und abmontiert wurde, insgesamt im Wert von 20.000 € und nur weil unsere „Freunde" die wir bezahlten, es nicht der Mühe wert fanden unsere Muring und Ankerseil zu kontrollieren.